160
Receitas de
MOLHOS

Edição refeita, modernizada e simplificada

Livros do autor publicados pela **L&PM** EDITORES

Coleção **L&PM** POCKET:

100 receitas de carnes
100 receitas de macarrão
100 receitas de patisseria
100 receitas de pescados
160 receitas de molhos
Cozinha clássica
Honra ou vendetta

Outros formatos:

500 anos de gastronomia em Terra Brasilis
Honra ou vendetta
Tony Castellamare jamais perdoa

SÍLVIO LANCELLOTTI

160 Receitas de MOLHOS

Edição refeita, modernizada e simplificada

www.lpm.com.br

L&PM POCKET

Coleção **L&PM** POCKET, vol. 306

Texto de acordo com a nova ortografia.

As receitas incluídas neste livro foram selecionadas de *O Livro dos Molhos* (L&PM Editores, 1996)

Primeira edição na Coleção **L&PM** POCKET: junho de 1999
Esta reimpressão: setembro de 2022

Capa: Ivan Pinheiro Machado. *Ilustração*: iStock
Revisão: Delza Menin e Luciana H. Balbueno

ISBN 978-85-254-0993-5

L247l

Lancellotti, Sílvio
    160 receitas de molhos / Sílvio Lancellotti. – Porto Alegre : L&PM, 2022.
    176 p. ; 18 cm – (Coleção L&PM POCKET; v. 306)

    1. Arte culinária-Receitas. I. Título. II. Série

CDU 641.55(083.12)

Catalogação elaborada por Izabel A. Merlo CRB

© 1999, Sílvio Lancellotti

Todos os direitos desta edição reservados a L&PM Editores
Rua Comendador Coruja, 314, loja 9 – Floresta – 90.220-180
Porto Alegre – RS – Brasil / Fone: 51.3225.5777

Pedidos & Depto. Comercial: vendas@lpm.com.br
Fale conosco: info@lpm.com.br
www.lpm.com.br

Impresso no Brasil
Primavera de 2022

Sumário

Re-reapresentação / 5
Antepasto. Quero Dizer, uma Introdução... / 7
Pequeno Glossário / 18
As Cinco Essências / 22
Os Molhos-Matrizes / 27
Todos os Molhos / 32
Os Molhos que Vêm do Azeite de Olivas / 34
Os Molhos Perfumados pelas Ervas, pelas Frutas e pelos Vegetais / 46
Os Molhos que Nascem da Manteiga / 69
Os Molhos de Tomates, Frutos do Ouro e do Sol / 96
Os Molhos Perfumados com Vinho Branco, Vinho Tinto – e até mesmo com Cerveja / 124
Índice Analítico / 145
Índice de Sabores / 158
Índice Alfabético / 163
Consulta e Referência / 167
Sobre o Autor / 171

RE-REAPRESENTAÇÃO

No final de 1983, dois amigos publicitários, Walter Arruda e Marcio P. T. de Oliveira, o ponte-pretano Pitico, me procuraram com uma ideia aparentemente amalucada. Queriam que eu projetasse uma coleção de livros de gastronomia, a ser batizada de "Santa Ceia", exatamente o nome do meu, então, programa de televisão. Ideia amalucada porque, segundo eles mesmos, não imaginavam que eu topasse a empreitada com tanta velocidade e com tanta disposição. Mal sabiam o Walter e o Pitico que, desde menininho, eu sonhava em me tornar um escritor.

Depois de seis meses de pesquisa, e de dolorosa digitação, numa máquina mecânica, eu aprontei a minha obra de estreia no mercado, *O Livro dos Molhos*, uma fascinante coletânea de cerca de trezentas alquimias de tradição no planeta inteirinho. No trabalho, havia poucas receitas minhas. De fato, se tratava de um compêndio de investigação do passado e de compilação de preciosidades. Deu certo. Consta que *O Livro dos Molhos* se transformou num sucesso, embora eu nunca tenha deparado com o seu título nas listas dos *best-sellers*.

Tudo bem, em 1996, graças ao apoio dedicadíssimo da L&PM, a doce fantasia da coleção se cristalizou. Agora, com a mesma L&PM

surge uma nova série de volumes mais compactos e mais baratinhos, sob a minha assinatura.

Acredite, como eu: trata-se de uma série ainda apaixonada pelas panelas e pelos fogões, mas uma série bem mais prática e mais profissional. Inclusive por abrigar um glossário de relações entre pesos, volumes – e os recipientes de plantão nas cozinhas em geral, das colheres às xícaras. Por uma questão de rigor formal, eu mantenho em meu texto a exatidão das dosagens da obra de origem. Proponho, contudo, comparações domésticas que simplificarão a vida de meu leitor.

Resta-me perpetrar, nesta reapresentação, um bom punhado de homenagens cruciais:
* Meu mestre Giovanni de Bourbon-Siciles, que prefaciou a edição original dos *Molhos*.
* O saudosíssimo Luís Carta, que me confiou a edição de *Gourmet*, duas décadas atrás.
* A fada Nina Horta, que tão gostosamente me acarinhou no seu lindo *Não É Sopa*.
* O mago Zé Antonio Pinheiro Machado, que me comoveu em *O Livro do Macarrão*.
* E os eternos de costume, a mamma Helena, a Vivi, o Dado, a Dani, o Renato, a Giulia, a Luísa, o Bacci, o Haroldo, o Waldemar e a dona Lourdes.

Sílvio Lancellotti
São Paulo, janeiro de 1999

Antepasto.
Quero Dizer, uma Introdução...

Que os alimentos se deterioram, perdem no ar e no calor a sua pureza, a sua essência, suas propriedades nutritivas, a sua saúde, enfim, o homem primitivo aprendeu muito cedo. Datam da Pré-História as técnicas mais antigas de conservação das comidas. E, embora os jornalistas daqueles tempos ancestrais, os pintores das cavernas, não tenham deixado impressas as suas sensações, pode-se dizer que dava certo.

Torravam-se os cereais sobre as brasas na pedra. Desidratavam-se ao sol frutas e vegetais, fermentava-se o leite com a ajuda de seu soro azedado, salgavam-se as carnes e os pescados, defumavam-se as aves e os traseiros dos veados. Mesmo as colinas de neve, nas terras mais altas, passaram um dia a funcionar como infalíveis preservantes.

Todos esses procedimentos, obviamente, não se provaram de uma vez. Na verdade, surgiram como procedimentos herdados de outros, conhecimentos que aos poucos evoluíram de ideias elementares e até de acidentes ao acaso. Por exemplo, o raio que em certa tempestade abrasou a carcaça de um coelho ou perdiz – e deu-lhe um gosto que o homem primitivo considerou muito melhor do que o sabor pífio do bicho cru.

Nesse quadro, assim, é perfeitamente justo supor que, antes mesmo dos primeiros documentos, já existisse nas velhas cozinhas a arte do molho.

Os especialistas, de qualquer modo, apontam o Oriente de 5 mil anos atrás como a data-base da origem de tais coberturas. Indianos e chineses, sempre interessados em guardar suas iguarias para o futuro, aprenderam que certas ervas, mescladas na quentura de infusões de água ou mesmo de vinho, mantinham a longa vida de peixes e caças. Melhor: funcionavam como temperos capitosos e emolientes.

Tem essa idade, mais ou menos, o curry indo-paquistanês. Tem essa idade o gengibre das dinastias dos mandarins. Têm essa idade os caldos suaves ou mesmo picantes que, de repente, se transformaram em sopas.

Só nos entornos de 500-400 a.C., porém, foi que os molhos viraram tema, oficialmente, dos livros de gastronomia. Um cozinheiro grego, de nome Sicanus Lebdacus, viu-se, subitamente, às voltas com um problema de morte: se não resolvesse, em uma semana, o drama do mau cheiro que dominava os seus assados, seria dilapidado pelos asseclas de seus patrões, aristocratas de

Atenas. Para salvar-se, Lebdacus afogou um carneiro, devidamente sem pele e sem vísceras, numa mistura de plantas e álcool de uvas. Foi aplaudido em frenesi. Safou-se do apedrejamento. E de quebra constatou que, além de eliminar os aromas nojentos, havia inventado um magnífico ritual. Havia inventado o molho.

Ao menos no Ocidente, Lebdacus havia inventado o molho.

A experiência rapidamente se espalhou e outros cozinheiros da Grécia, Sófones e Rhodios Demóssenos, Suetos e Dímbrones Sículos, desandaram a perpetrar outros caldos, outras infusões. Receitas que viajariam até o apogeu de Roma e até três gênios de iguais identificações, o Apicius de Scylla, o Apicius de Augusto e o Apicius de Trajano, que não hesitaram em anotar em suas memórias as fórmulas apreendidas dos mestres atenienses. Do segundo Apicius restariam, irretorquivelmente redigidas, as mais venerandas alquimias que até hoje gourmets e cozinheiros de domingo usam na raiz de suas criações.

Na Milão de 1498, publicou-se um livro, *De Re Culinaria*, supostamente assinado por ele, Marcus Gavius Apicius, contendo um batalhão de sugestões memoráveis, mesmo para a época e para a tecnologia de agora. Nunca se confirmou a autoria do volume. Isso, todavia, não importa. Vale, sim, o fato de que algo escrito ficou para a posteridade.

Quase cinco séculos após, um italiano bem mais privilegiado pelo progresso, Luigi Carnacina, editaria uma obra fundamental para a cultura da gastronomia: *La Grande Cucina*. De infinitas utilidades, dedicado à dona de casa, aos cozinheiros de plantão e aos grandes *restaurateurs*, o livro de Carnacina apresentou como novidade transcendental uma inédita codificação genealógica dos molhos de todos os tempos. Entendeu Carnacina que todas as *salse* derivavam de quatro únicas matrizes: a *vellutata*, o Béchamel, o espanhol, o *sugo* de tomates. Dessas matrizes poderiam brotar quaisquer molhos que se preparassem.

Trata-se, admito, de uma definição compacta e acadêmica. A ela renunciou até mesmo o meu mestre maior, outro italiano, Luigi Veronelli, que em 1974 publicou o seu *Il Libro Delle Salse*, com quase duzentas páginas de antológicas formuletas. Hoje, no entanto, Veronelli que me perdoe, anoto aqui que, em minha opinião, Carnacina tinha a sua razão. Seu método de análise e organização dos molhos, ainda que rígido e rigoroso, é mais fácil de compreender do que as teorias exuberantes de Veronelli.

Veronelli subdividiu suas receitas em cinco departamentos: as manteigas, os molhos familiares, os molhos clássicos, os molhos exóticos e as caldas doces. E nessas subdivisões misturou, às vezes confusamente, alquimias à base de carnes e de vegetais, de vinhos e de azeites, prejudicando o entendimento do amador e do não especialista.

Daí, repito, preferir eu, ao menos no conceito, a genealogia de Carnacina.

Neste livro, as preparações aparecem hierarquizadas, aproximadamente de acordo com a definição de Carnacina. Não tenho dúvidas a respeito. A partir da genealogia histórica dos molhos fica muito mais tranquilo escolher a cobertura ideal para um prato de massas, crustáceos, peixes, aves, carnes brancas, assados e assim por diante. Também fica muito mais tranquilo cometer cada preciosidade.

Começo, dessa maneira, por anotar as receitas de cinco essências elementares – a essência de carne, o *fondo bianco*, o *fondo bruno*, o fumê de peixe e o *vino cotto*. Por que os títulos estrangeiros? Na sua imensa maioria, as traduções são inúteis ou idiotas. Por isso prefiro, sempre que possível e viável, manter a grafia autêntica de cada nome. O leitor não terá nenhuma dificuldade em relacioná-las com os molhos que determinarão, nem com os pratos que enriquecerão.

Depois, a partir das essências elementares, falo dos molhos-matrizes. Não os quatro de Carnacina, não os clássicos, tradicionais, mas cinco, em meu entender: o Béchamel, o *demi-glace*, o espanhol, o *sugo* de tomates e a *vellutata*. Sim, até o *demi-glace*, que acredito piamente fazer parte desse time original.

Chega, finalmente, a oportunidade de todos os molhos, explicados e desenhados em função de seus antecedentes e de sua utilidade:

• Os molhos à base de azeite;
• Os molhos à base de ervas, frutos e frutas e vegetais;
• Os molhos à base de manteiga;
• Os molhos à base de tomates;
• Os molhos à base de vinhos e outros produtos alcoólicos.

Outra coisa. O leitor perceberá que, mais discriminadamente, tenho a preciosa preocupação de subdividir ou roteirizar cada capítulo, cada relação de molhos, em departamentos meticulosamente aplicados:

• Molhos frios;
• Molhos quentes;
• Molhos para assados e/ou grelhados;
• Molhos para carnes;
• Molhos para carnes brancas;
• Molhos para crustáceos;
• Molhos para frutos do mar em geral;
• Molhos para massas;
• Molhos para ovos;

- Molhos para peixes;
- Molhos para verduras e/ou vegetais.

    Evidentemente, muitos molhos se demonstrarão capazes de várias utilidades diferentes. Ao final das páginas com as receitas, um cuidadosíssimo índice analítico se encarrega de apresentar as eventuais permutações, de acordo com cada aplicação. Por exemplo: molhos que se adéquem a receitas de camarão, de frango, de vitela, et cetera e tal.

    Agora, algumas rememorações que me parecem indispensáveis.

    Em alguns pratos, como os que levam arroz ou massas, são os molhos, ninguém discuta, os protagonistas, astros principais de cada mistura. Em todos os outros, todavia, os molhos devem, apenas, prolongar o sabor intrínseco da receita, valorizá-la em vez de mascará-la.

    Certos cozinheiros principiantes, e até mesmo inúmeros profissionais, sinceramente acreditam que caprichar numa fórmula é exagerar na cobertura ou nos temperos. Peço, antes de começarmos, que os meus amáveis leitores me façam a suprema homenagem de respeitar as composições da forma como estão alinhavadas. Um tico a mais de pimenta, uma gota a menos de vinho, quando essas quantidades aparecem bem discriminadas, apenas desnaturam aquilo que é clássico, antológico pelo sucesso obtido em décadas, séculos até.

Não desautorizo eventuais alterações. Na cozinha, afinal, nada mais se cria, tudo se transforma. Também não pretendo interferir nas predileções de quem me lê – e me respeita. Saibam todos, no entanto, que, com raríssimas exceções de minha lavra (identificadas pela sigla "Brasil, SL"), as alquimias expostas neste livro já foram historicamente provadas. Eventuais modificações são legítimas, desde que recebam um novo e diferente batismo. Quer dizer: trata-se de outros molhos.

Saibam todos, também, que uma boa receita é consequência direta da boa qualidade dos ingredientes que a compõem. Uma única folha de manjericão estragada pode arruinar um pesto genovês. Um único tomate ultrapassado pode estragar um *sugo* caseiro e suave.

Certos cozinheiros usam os tomates mais rijos em saladas e relegam aqueles machucados aos molhos. Pobres, não passam de tolos – ou criminosos.

Para completar: mas que são, mesmo, os molhos?

Sinteticamente, pode-se afirmar que se formam de três elementos: o líquido, o tempero e os meios de ligação.

O líquido, como já denota a palavra, em geral contém água, ou caldo de galinha, ou caldo de músculo de vaca, ou caldo de peixe, ou suco de carnes várias, ou polpa de tomates, ou leite, ou creme de leite, ou manteiga, ou vinho, ou vinagre, ou óleos, ou azeites, ou até o sangue de alguns animais, juntos ou isolados.

O tempero advém de essências, fumês, ervas e especiarias, pós picantes ou aromáticos, sais, folhas, vegetais.

Os meios de ligação, enfim, são a farinha e a manteiga cruas ou cozidas, as gemas e as claras dos ovos, certas gelatinas.

Importantíssimo: o leitor perceberá que muitos dos molhos deste livro parecerão líquidos demais para as suas preferências. Que ninguém, por favor, incorra na tolice de corrigir alguma aquosidade com a velha maisena ou coisiquinha semelhante. Este livro trata de molhos e não de colas ou gomas. Se houver, repito, se houver necessidade de se engrossar um molho qualquer, utilize-se aquilo que os italianos apelidaram de manteiga maneggiata, cuja receita apresento no capítulo competente. Basicamente, trata-se de um pingo de manteiga transformada em pasta com a adição de farinha de trigo bem peneirada.

E terminemos com um punhado de últimas recomendações:

• Várias das alquimias desta obra já foram expostas em *O Livro do Macarrão*. Muitas das várias, porém, foram expostas de maneira sintetizada. Em *O Livro do Macarrão*, era a massa a grande protagonista. Nesta obra, as composições dos molhos inevitavelmente precisam se mostrar um pouco mais complexas; talvez mais intrincadas. Questão de rigor, de respeito à sua personalidade – e à sua tradição. Na dúvida, que o leitor opte pelo caminho mais acessível. Dispondo de tempo e de paciência, fique com as receitas completinhas desta obra. Na pressa, não hesite, use a sua liberdade, simplifique – por favor, siga a praticidade de *O Livro do Macarrão*.

• Todo e qualquer molho deve ser misturado com colheres ou espátulas de madeira previamente fervidas, logo ao serem compradas, para que seu gosto original de celulose desapareça completamente.

• Quase todos os molhos quentes podem ser conservados incólumes na geladeira por no máximo quatro ou cinco dias. Se o leitor desejar produzir grandes quantidades, para uso futuro, aconselho o congelamento – e o posterior descongelamento em banho-maria. Aliás, eu nunca reesquento na própria panela um molho já pronto. Uso sempre e sempre e sempre o banho-maria.

• Todo e qualquer molho apresentado neste livro baseia-se numa receita previamente testada para quatro pessoas. Ou quatro porções. Não aconselho reduções para quantidades menores. Prefiro que sobre, em vez de faltar. Para mais porções, ou pessoas, basta aumentar-se a medida de cada ingrediente na respectiva proporção.

• Quando não existir nenhuma anotação explícita, lembre-se o leitor de refogar os ingredientes iniciais de um molho qualquer em fogo alto – rebaixando a chama assim que lançar na panela os ingredientes líquidos que darão corpo ao conjunto. Todo e qualquer molho se apura melhor em calor moderado e lentamente.

• Lembre-se também o leitor de ferver antecipadamente a água que vier a usar em seus molhos. Isso ajudará a evaporação do cloro.

• Lembre-se o leitor de secar bem, depois de lavar, todos os ingredientes de seus molhos. Em um quilograma de tomates banhados e não enxutos há, pelo menos, cem gramas de água inútil – quantidade suficiente para modificar completamente o sabor final de um *sugo*.

• E ATENÇÃO: quando não houver nenhuma menção a respeito da quantidade de sal, utilize-o a seu gosto. De qualquer modo, compreenda que as receitas em que o sal não aparece foram originalmente criadas sem tal tipo de condimento.

Pequeno Glossário

Para que o leitor assimile melhor os meus preceitos de medidas e os termos licenciosamente poéticos que eu às vezes utilizo com abuso e desabuso nas minhas alquimias, ofereço a seguir algumas explicações, um pequeno e, espero, simpático dicionário.

Cálice – O recipiente no qual se servem licores. Obviamente, como existem cálices de infinitos tamanhos, comece aos poucos e vá acertando as medidas de acordo com o seu gosto.

Colher – Sempre que não houver a especificação do tamanho, use a colher normal de sopa. Em qualquer situação e em quaisquer medidas, porém, não tema – coloque um pouco mais do que imaginar. Liberte a sua fantasia na cozinha. Brinque com a sua imaginação.

Colherada – Um pouco além de uma colher de sopa.

Colherada generosa – O equivalente a uma colher de mesa, daquelas de servir arroz.

Colherinha – Um pouco menos do que uma colher de chá.

Copo – O meu copo, seguramente, é diferente do seu. Como a minha xícara, de café ou de chá, é diferente da sua. Impossível determinar um tamanho preciso. Inclusive porque o meu vinho branco também é, certamente, diferente do seu. Como o meu vinho tinto. Eu posso optar por um produto mais pesado e você selecionar um mais leve. De todo modo, eis uma regra geral de alguma engenhosidade. Para a água e para o leite, use as medidas dos chamados copos americanos. Para o vinho branco, copos de vinho branco. Para o tinto, copos de vinho tinto. E, mais do que se preocupar com as medidas exatas, procure trabalhar com produtos de qualidade.

Decilitro – Um décimo de litro. Ou um terço do volume de uma garrafa individual de refrigerante. Em qualquer cozinha, de todo modo, deve haver uma vasilha com tais medidas.

Gotas – A quantidade depende do produto líquido a ser utilizado. Molho industrializado de pimenta, por exemplo. Cada marca ostenta a sua precisa concentração. Não existe outra saída além de começar aos pouquinhos para depois corrigir o resultado de acordo com o gosto pessoal.

Ideia – Significa, digamos assim, uma sugestão. Quando eu digo, por exemplo, "uma ideia de canela", pretendo impor à receita um toque intrigante: "Será que nela existe tal componente?".

Pingo – Um pouco, um tico. Coloque um pouco, um tico – e então experimente. Caso deseje, coloque mais. Cada um de nós, afinal, tem o seu próprio pouco, o seu tico particular.

Pitada – Uma pitada, em geral, é tudo aquilo que cabe, sem cair, entre o polegar e o indicador. Certamente, porém, os seus dedos são diferentes dos meus. Por isso, utilize a sua pitada e então experimente. Caso prefira, exagere na pitada de acordo com o seu gosto pessoal.

Pitadinha – Um pouco menos do que uma pitada. Vale a explicação anterior.

Pouco – Exatamente igual a um pingo.

Punhado – Um punhado, em geral, é tudo aquilo que cabe, sem cair, entre o polegar e os outros dedos da mão. Não tema. Divirta-se na determinação do seu próprio punhado.

Quase nada – Um pouco menos do que uma pitadinha. Apenas o mínimo necessário para definir a presença e o caráter do ingrediente na receita. Encontre o seu quase nada de acordo com a sua paixão particular pelo tal ingrediente. O prazer da cozinha está na descoberta.

Taça – Vale o que eu já expliquei a respeito do copo. Em geral, quando falo de taça eu me refiro ao recipiente em que se serve a *champagne*. Pense nessa referência basilar.

Tico – Exatamente igual a um pingo e a um pouco.

Toque – O toque é mais do que um pouco, um pingo ou uma ideia. Também mais do que uma pitada – bem antes, no entanto, de um punhado. Deve-se perceber o toque de um determinado ingrediente numa receita. Tal ingrediente, porém, não pode prevalecer.

Xícara – Como regra geral ao escolher uma xícara de café, capture sempre um recipiente menor do que aquele imaginado. Ao escolher uma de chá, capture sempre um recipiente maior.

As Cinco Essências

Muitas das receitas deste livro contêm, em suas alquimias, elementos fundamentais para o seu sucesso final – exatamente as cinco essências básicas que estão nos princípios genealógicos dos molhos.

As quantidades que sugiro para a preparação de cada uma servem perfeitamente para várias semanas de utilização. Por suas próprias características, as essências básicas não se estragam, desde que guardadas de acordo com minhas recomendações. O *fondo bianco*, o *fondo bruno* e o fumê de peixe podem – até – ser congelados.

Use, para tanto, vasilhas de plástico. As de vidro provavelmente se romperão com o aumento de volume das essências a baixas temperaturas. Outra coisa. Não congele toda a quantidade em um único recipiente. De preferência, utilize vários deles, para resgatar somente aquilo que for efetivamente aplicar. Em tempo: descongele em banho-maria.

Essência de Carne

As gorduras eliminadas do fondo bruno explicado logo adiante. As carnes que sobram da preparação do fondo bruno.

Passo as gorduras eliminadas do fondo bruno numa peneira bem fina. Levo ao fogo baixo. Aqueço. Acrescento as carnes, seguramente muito macias e praticamente desmanchadas por tanto tempo de cozimento anterior. Sempre em fogo brandíssimo, mantenho até que a colher comece a pegar no piso da panela. Retiro as carnes. Filtro o caldo. Guardo numa vasilha qualquer e resguardo em lugar fresco e protegido.

Fondo Bianco

400 gramas de carne magra de vitela, sem ossos. 300 gramas de mocotó de vitela. 1 quilograma de ossos, pescoços e miúdos de frango. 2 cenouras. 2 cebolas. 1 salsão. 1 maço de salsinha verde, louro e tomilho. Sal. Água fresca, previamente fervida para eliminar o cloro.

Pico sem muitas preocupações as cenouras, as cebolas e o salsão. Quebro os ossos do frango de modo a exibir seu tutano. Numa panela bem grande, coloco os ossos, os pescoços, os miúdos, a carne, o mocotó. Cubro com 1 ½ litro de água e levo à ebulição em fogo forte.

Rebaixo o fogo. Tempero com o sal. Adiciono as cenouras, as cebolas, o salsão e o maço de ervas. Continuo a cozinhar por quatro horas. De tempo em tempo, com uma escumadeira, elimino as gorduras que subirem à superfície do caldo. Retiro. Passo o líquido numa peneira finíssima e depois num filtro de pano. Reservo as carnes para outras preparações.

Fondo Bruno

600 gramas de paleta de boi, sem ossos. 600 gramas de mocotó de boi. 250 gramas de ossos de boi, partidos de modo a exibirem o seu tutano. 20 gramas de banha animal. 2 cenouras. 2 cebolas. 1 maço de salsinha verde, louro e tomilho. Sal. 2 litros de caldo de carne previamente produzido.

Unto bem as carnes com a banha animal. Tempero com o sal e levo ao forno forte para que bronzeiem por igual e integralmente. Pico sem muitas preocupações as cenouras e as cebolas. Coloco-as no fundo de uma panela bem grande. Cubro com os ossos de boi, com o maço de ervas e com as carnes retiradas do forno. Tampo a panela. Em fogo baixíssimo, deixo que os ingredientes transpirem por 15 minutos. Então acrescento algumas colheradas do caldo de carne. Reduzo, sempre em fogo baixo. Lanço o caldo restante. Levo à ebulição. Diminuo a chama, continuo o cozimento em calor brandíssimo, por cinco horas. De tempo em tempo, elimino as gorduras que subirem à superfície do caldo. Controlo o sal. Retiro. Passo o líquido numa peneira finíssima e depois num filtro de pano. Reservo as carnes para outras preparações, como a Essência de Carne já citada.

Fumê de Peixe

1 quilograma de sobras e de espinhas de peixe. 1 cebola bem grande, fatiada. 1 litro de vinho branco, bem seco. Água fresca. 1 macinho de salsinha verde. 10 grãos de pimenta branca. Sal.

Numa caçarola bem grande, coloco as sobras e as espinhas de peixe, as fatias de cebola, a salsinha e os grãos de pimenta. Tampo a panela. Em fogo bem baixo, cozinho por uns 15 minutos. Lanço o vinho branco e mais 1 ½ litro de água previamente fervida e, depois, resfriada. Tempero com o sal. Levo à ebulição. Rebaixo o fogo e cozinho por cerca de mais uma hora, até obter uma boa redução. Passo tudo numa peneira e, também, num filtro de pano.

Vino Cotto

3 quilogramas de uvas pretas comuns, de preferência as mais doces. 12 nozes inteiras, muito bem lavadas.

Limpo e corto as uvas ao meio. Tiro suas sementes. Estendo sobre algum tipo de material absorvente, como papel mata-borrão, e deixo que enxuguem, de preferência ao sol. Coloco as uvas numa vasilha de bom tamanho e as esmago com as mãos, como se fosse fazer vinho. Cubro o recipiente com uma tampa adequada e furadinha, e resguardo em lugar fresco por 24 horas inteiras, no mínimo. Filtro o mosto resultante numa peneira e num pano, amassando bem as uvas para extrair todo o seu suco. Disponho o mosto filtrado numa panela de barro. Acrescento as nozes inteiras – suas cascas, movendo-se durante o cozimento do caldo, impedirão que ele se grude ao fundo ou às paredes. Coloco a panela de barro sobre fogo bem forte. Levo à ebulição, mexendo de quando em quando com uma colher de cabo longo. Espero o mosto reduzir-se a três quartos da quantidade original. Enquanto isso, desinfeto em água fervente algumas garrafas de vidro escuro. Retiro as nozes. Encho as garrafas com o caldo da panela. Aguardo que se resfriem. Então tampo as garrafas com rolhas de cortiça bem secas. Selo bem essas tampas com parafina derretida. Conservo em lugar fresco, seco, escuro e generosamente arejado.

Os Molhos-Matrizes

Como as essências, são cinco os meus molhos-matrizes. Coisas de uma cabala pessoal. Na cozinha há, sem dúvida, inúmeras tecnicalidades, da qualidade intrínseca dos ingredientes à espessura ideal das panelas, que devem ser grossas de preferência, e também às propriedades do fogão, que deve permitir muitas nuanças de calor. Considero, todavia, que na cozinha há também muito mistério, muito ritual. Recordo que meu pai e minhas duas avós, de forma, digamos, discreta e particular, abençoavam com os polegares os pratos que perpetravam...

Eu, por exemplo, adquiri o hábito de não experimentar o sabor de minhas comidinhas. Confio na segurança de meu olfato. E na proteção das duas velhinhas e do grande Eduardo, que me vigiam lá do alto. Mas, divagações à parte, meus cinco molhos-matrizes são ingredientes constantes da grande maioria das receitas que vêm por aí. Acredito que alinhavar suas formuletas antecipadamente facilitará enormemente o trabalho de quem se dispuser a seguir minhas sugestões.

De novo, como no caso das essências básicas, as quantidades que aponto para a produção dos molhos-matrizes servem perfeitamente para várias semanas de utilização em alquimias diferentes. Não se estragarão, se conservados de acordo com minhas recomendações. O *demi-glace*, o molho espanhol e o *sugo* de tomates podem ser congelados. Siga os procedimentos ensinados para as essências. E lembre-se de descongelar sempre e sempre em banho-maria.

Aliás, uma regra universal: molhos em geral, de qualquer origem e estirpe, têm de ser reaquecidos em banho-maria.

DEMI-GLACE

2 litros de molho espanhol. 4 colheres de sopa de essência de carne. 2 decilitros de vinho Madeira bem seco.

Aqueço o molho espanhol em fogo médio. Reduzo por dez minutos. Incorporo a essência de carne e o vinho Madeira.

MOLHO BÉCHAMEL

100 gramas de manteiga sem sal. 80 gramas de farinha de trigo triplamente peneirada. 1 colher de sopa de cebola muito bem picadinha. 1 litro de leite levemente cozido. 1 pitadinha de noz-moscada. 10 gramas de sal. 1 pitada de pimenta branca moída no momento.

Deixo cozinhar, meigamente, a cebola na manteiga. Não permito em hipótese alguma que a cebola chegue a dourar. Acrescento a farinha. Mexo por alguns segundos, começando a amalgamar. Então adiciono, pouco a pouco, o leite, ainda amornado. Misturo bem. Tempero com o sal, a pimenta branca e a noz-moscada. Levo à ebulição. Rebaixo o fogo e continuo o cozimento, em calor moderado, por 15 minutos. Passo o molho num filtro de pano. Guardo nos baixos da geladeira.

Molho Espanhol

2 litros de fondo bruno. 50 gramas de manteiga sem sal. 60 gramas de farinha de trigo peneirada. 20 gramas de cenoura. 20 gramas de cebola. 10 gramas de salsão. 20 gramas de presunto cru, com ticos de gordura.

Aqueço a manteiga. Impeço que ela escureça. Adiciono a farinha. Mexo bem, por dois minutos, em fogo bem baixo. Despejo 1 litro de *fondo bruno*. Levanto o fogo e levo à ebulição. Mexo bem. Diminuo o calor. Acrescento a cenoura, a cebola, o salsão e o presunto devidamente picadinhos. Espero duas horas. De vez em quando, com uma escumadeira, elimino as gorduras que subirem à superfície. Compenso a evaporação acrescentando colheradas a mais de *fondo bruno*. Retiro. Passo o molho num filtro de pano. Coloco noutra panela. Acrescento uma quantidade exatamente igual de mais *fondo bruno*. Em calor moderadíssimo, deixo cozinhar por mais três horas, eliminando sempre as gorduras da tona. Volto a filtrar o molho. Guardo na geladeira ou congelo.

SUGO DE TOMATES

2 quilogramas de tomates maduros, bem limpos, bem secos, livres do engaste de seus galhos. 300 gramas de cebolinhas verdes sutilmente picadas. 300 gramas de cenouras cortadas em rodelas. 100 gramas de salsão bem limpo, bem seco e fatiado. 50 gramas de manteiga sem sal ou azeite de olivas. 30 gramas, em partes iguais, de salsinha, sálvia e manjericão picadinhos. 1 pitadinha de sal. 1 pitadinha de açúcar. Água fresca.

Abro os tomates. Elimino as sementes. Em um caldeirão bem grande, aqueço a manteiga ou o azeite. Refogo as cebolinhas até que dourem. Adiciono as cenouras e o salsão, a salsinha, a sálvia e o manjericão. Lanço os tomates. Tempero com o sal. Uso o açúcar para quebrar a acidez. Mexo bem. Cozinho por 15 minutos em fogo forte, mexendo sem parar. Rebaixo o calor e cozinho por mais quatro horas e 45 minutos, repondo a água que se evaporar. Retiro. Passo numa peneira bem fina. Volto ao fogo brando, até que o molho se reduza a praticamente 70% do volume filtrado. Guardo na geladeira.

Vellutata ou Molho Branco

50 gramas de manteiga sem sal. 50 gramas de farinha de trigo peneirada. 1 litro de caldo de carne ou galinha bem leve. 100 gramas de manteiga previamente derretida. 1 macinho de salsinha verde. Pitadas de noz-moscada. Sal e pimenta branca moída no momento.

Aqueço a manteiga em fogo brando. Incorporo a farinha, mexendo sem parar. Assim que a pasta bronzear, começo a despejar, pouco a pouco, o caldo já aquecido. Mexo, mexo. Levo à ebulição. Mexo. Adiciono a manteiga derretida e a salsinha. Tempero com pouco sal e a pimenta branca. Polvilho a noz-moscada. Cozinho em calor moderado por 15 minutos. Elimino o macinho de salsa. Passo o molho numa peneira bem fina e num filtro de pano. Guardo nos baixos da geladeira.

TODOS OS MOLHOS

Todos os molhos incluídos neste livro foram discriminados segundo o critério que me pareceu mais lógico e mais didático. Separei-os por capítulos, de acordo com suas bases essenciais – aqueles que nascem da manteiga, aqueles que vêm do azeite de olivas, aqueles apoiados no perfume das ervas e na textura dos vegetais e das frutas, aqueles coloridos pelo rubro dos tomates, aqueles embriagados pelos vinhos e por outros produtos de álcool em geral.

Melhor ainda, dentro da cada capítulo estabeleci subdivisões: os molhos quentes e os molhos frios. E logo abaixo de cada nome introduzi uma informação suplementar: para que serve aquele molho específico, que tipo de iguaria gastronômica acompanha com mais desinibição.

Trata-se, apenas, de parceiros ideais. Que o leitor, todavia, não considere dogmas as minhas indicações. Aprecio aqueles que ousam ampliar a sua criatividade. Peço somente que, em caso de combinações exóticas e bem-sucedidas, todos me escrevam relatando seus feitos.

Outra coisa. Às vezes um molho entra, integralmente, com mais apregoalhos e temperos, na composição de um novo. Por ostensivas razões, não repito a receita. Faço a citação. Para encontrar o que falta, basta consultar o índice alfabético no final.

Os Molhos que Vêm do Azeite de Olivas

O azeite de olivas é uma substância untuosa e gordurosa que se extrai das azeitonas – mas com uma composição química ligeiramente diferente dos frutos que estão na sua origem. Azeite de olivas? Isso mesmo, olivas, no plural. Afinal, quem conseguiria retirar um óleo qualquer de uma azeitona só?

Na temperatura ambiente, o azeite permanece em estado liquefeito, muito mais do que a manteiga. Não se mistura com a água, a não ser em emulsões, por causa de sua densidade muito menor.

A história do azeite de olivas remonta à Magna Grécia, cerca de oito séculos antes de Cristo – um tempo em que os gregos eram fortes o suficiente para colonizar os próprios romanos. De sua terra natal, o azeite invadiu a Europa através dos Apeninos. O estupendo poeta Virgílio (70 a.C.–19 a.C.), autor da celebérrima *Eneida*, dedicou-lhe versos deliciosos: "Que alimento haverá, dentre aqueles que nos nutrem, capaz de dispensar condimento tão gracioso, delicado e suave?".

Existem vários tipos de azeite de olivas. O *extravirgem* e o *virgem superfino* são obtidos numa primeira compressão dos frutos. Seu teor de acidez pode ir, respectivamente, até um máximo de 1% e 1,5%. Quanto aos conseguidos numa segunda compressão, o *virgem fino* e o simplesmente *virgem*, não devem superar 3% e 4% de acidez.

Daí em diante, aumentam os índices de industrialização. Fazem-se retificações, filtrações, centrifugações, eventuais misturas, nascendo do processo o azeite de olivas propriamente dito, 2% de acidez.

Os melhores azeites são bem dourados, transparentes, quase que sem aroma e sem sabor acentuados. Obviamente, quando se pensa nos azeites do passado, sem dúvida tem-se que considerar os *extravirgens*.

Azeite / Frios

Vários dos molhos frios à base de azeite são preparados no calor e depois devolvidos à temperatura ambiente. Esse resgate precisa acontecer naturalmente, sem nenhum auxílio do refrigerador. O azeite é um excelente conservante natural. Dessa maneira, os caldos que seguem – obviamente – não necessitam ser guardados em geladeiras. Mesmo as maioneses podem, perfeitamente, manter sua textura e seu sabor ao ar livre – desde que cobertas por pano úmido e protegidas de acessos exteriores. O frio excessivo pode gelatinizar o azeite e comprometer o gosto final dos caldos e pastas de que faz parte. O ideal, de todo modo, sempre é produzir exatamente aquilo que será consumido, com um pequeno coeficiente de segurança em favor da sobra. O cozinheiro perfeito jamais deixa faltar. E jamais desperdiça.

Ailloli
(para peixes cozidos e crustáceos)

½ litro de azeite de olivas. 2 dentes de alho bem esmagados. 5 gemas de ovos. Sal.

Sobre o alho esmagado, lanço pitadas de sal e as gemas. Misturo bem, ternamente, por quase uma hora. Então acrescento, pingo a pingo, o azeite, sem parar de mexer. (França, Provença)

Maionese
(para usos diversos)

½ litro de azeite de olivas. 3 gemas de ovos. 1 colherinha de vinagre de vinho branco ou de suco de limão (com o limão, a maionese fica mais clara). ½ colher de café de sal. Pitadas de pimenta branca moída no momento.

Lavo muito bem uma terrina com água fervente. Enxugo bem. Lanço o azeite na terrina. Espero que se aqueça naturalmente (no verão, essa operação pode se mostrar desnecessária). Noutra terrina, lanço as gemas e o sal, a pimenta e algumas gotas de vinagre ou suco de limão. Bato muito bem, com um bastão de madeira ou algum outro instrumento apropriado. Acrescento o azeite, muito lentamente, gota a gota, num verdadeiro fio a escorrer do alto. A maionese começa a tomar corpo assim que às gemas se misturam, aproximadamente, quatro ou cinco colheradas de azeite. Então acrescento mais gotas de vinagre ou suco de limão. A partir daí, já é possível despejar-se o azeite mais rapidamente, sem que se corra o risco de uma dissociação. Detalhe: sempre que a maionese começa a espessar-se em demasia, adiciono mais gotas de vinagre ou suco de limão. Importante: caso a maionese venha a desandar, sugiro que se recomece a operação com uma gema nova e crua, utilizando-se a pasta decomposta como aditivo – em vez de azeite de olivas. (França)

Molho da Andaluzia

(para carnes brancas e peixes)

3 decilitros de maionese. 1 decilitro de sugo de tomates. 80 gramas de pimentões vermelhos, sem sementes, assados e depois cortados em filezinhos. 2 colheres de azeite de olivas. Sal.

Misturo a maionese ao sugo de tomates. Simultaneamente, frito os filezinhos de pimentão no azeite e com pouco sal. Espero esfriar. Escorro bem. Incorporo à mistura, cuidadosamente. (Espanha)

Molho all'arrabbiata

(para saladas)

12 colheres de sopa de azeite de olivas. 6 ovos cozidos. 3 pimentões vermelhos, assados, sem sementes e passados numa peneira. 1 pitada de açafrão. Sal.

Esmago bem os ovos inteiros. Acrescento, lentamente, o azeite de olivas. Mexo com muito cuidado. Completo o molho com o açafrão e os pimentões vermelhos. Tempero com o sal. Misturo um pouco mais. (Itália)

Molho de azeite à moda russa

(para saladas e peixes cozidos)

12 colheres de azeite de olivas. 1 gema de ovo crua. 1 gema de ovo cozida. 2 filés de anchovas. ½ colher de sopa de mostarda cremosa. 50 gramas de salmão defumado. 1 colher de vinagre de vinho branco.

Esmago a gema crua com os filés de anchovas. Acrescento a gema cozida e a meia colher de mostarda. Mexo bem. Aos poucos, adiciono o azeite, pingo a pingo, mexendo sem parar. De vez em quando gotejo um tico de vinagre, para que a pasta não se adense demais. Quando o conjunto adquire a consistência de uma maionese, acrescento o salmão picado em quadradinhos bem pequenos. (Rússia)

Molho chiffonnière

(para peixes cozidos ou assados)

1 decilitro de azeite de olivas. 2 gemas de ovos cozidas. 1 colher de chá de atum bem picadinho. 1 colher de chá de cebola moída, levemente cozida num pingo de vinho branco e depois resfriada. 1 colher de chá de pepino picado. 1 generosa colherada de Marsala seco. 1 pitadinha de páprica picante. Sal. Pimenta branca moída no momento.

Tempero as gemas com o sal, a pimenta e a páprica. Mexo bem até obter uma pasta lisa. Adiciono o atum e a cebola. Mexo bem. Gota a gota, despejo o azeite. Misturo muitíssimo bem. Completo com o Marsala e com o pepino picadinho. (França)

Molho citronnette
(para saladas)

2 decilitros de azeite de olivas. 1 decilitro de suco de limão. 1 colher de sopa de vinagre de vinho branco. Sal. Pimenta-do-reino moída no momento. 1 tico de açúcar.

Misturo o azeite, o limão, o sal, o vinagre e a pimenta-do-reino. Rebato com o açúcar para acalmar a acidez do molho. (França)

Molho Gloucester
(para carnes e peixes cozidos ou grelhados)

½ litro de maionese. 1 decilitro de creme de leite acidulado com gotas de suco de limão. Pitadas de sementes de erva-doce esmagadas. 1 colherinha de molho inglês do tipo Worcestershire.

Misturo com cuidado a maionese, o creme de leite, as sementes de erva-doce e o molho inglês. (Inglaterra)

Molho gribiche
(para saladas e peixes cozidos)

1 ½ decilitro de azeite de olivas. 3 gemas de ovos cozidas. 2 claras de ovos cozidas. 1 colherinha de mostarda cremosa. ½ copo de vinagre de vinho branco. 3 pepinos pequenos, tratados como picles. 1 colher de sopa de salsinha verde finamente picada. Sal. Pimenta-do-reino moída no momento.

Esmago as três gemas até que se transformem numa pasta lisa. Adiciono a mostarda, um tico de sal e mais que um tico de pimenta-do-reino. Homogeneízo. Aos poucos, acrescento o azeite, gota a gota, mexendo sem parar. De vez em quando, pingo também o vinagre. Quando o molho adquire a consistência de maionese, completo com a salsinha verde, os pepinos e as claras cortadas em mínimos cubinhos. (França)

Molho italiano
(para saladas)

12 colheres de azeite de olivas. 3 colheres de sopa de vinagre de vinho tinto. Sal. Pimenta-do-reino moída no momento.

Misturo o azeite ao vinagre. Tempero com o sal e a pimenta. (Itália)

Molho de Nice
(para peixes cozidos)

3 decilitros de maionese. 1 decilitro de sugo de tomates. 1 pimentão vermelho esmagado. 1 colher de chá de estragão finamente picado.

Misturo a maionese ao sugo de tomates. Acrescento o pimentão e o estragão. Misturo com muito, mas muito carinho. (França, Provença)

Molho rémoulade
(para carne de carneiro, peixes cozidos ou grelhados)

4 decilitros de maionese. 1 colherinha de alcaparras. 3 pequenos pepinos, tratados como picles e finamente picados. 1 colherinha de salsinha verde, cerefólio e estragão, em partes iguais, finamente picados. ½ colherinha de manteiga de anchovas. Pitadas de pimenta vermelha.

Misturo a maionese com a manteiga de anchovas (ou, na sua ausência, um tico de filé de anchova devidamente esmagado). Acrescento as alcaparras batidinhas, os pepinos e as ervas aromáticas. Misturo bem. Completo com as pitadas de pimenta vermelha. (França)

Molho tártaro
(para carnes e peixes cozidos ou grelhados)

5 decilitros de azeite de olivas. 4 ovos cozidos. 1 colherinha de cebolinha verde, finamente picada de seu bulbo à parte superior. 1 colher de café de mostarda cremosa. Gotas de vinagre de vinho branco. Sal. Pimenta branca moída no momento.

Numa terrina, disponho as gemas dos ovos. Com uma espátula, misturo até transformá-las numa pasta lisa. Acrescento a mostarda. Pingo a pingo, despejo o azeite, mexendo sem parar. Completo com uma pitada de sal, de pimenta, com a cebolinha verde, as gotas de vinagre, as claras picadinhas. Continuo a mexer, com muito cuidado. (França)

Molho vinaigrette
(para saladas, carnes brancas, peixes e crustáceos)

2 decilitros de azeite de olivas. 1 decilitro de vinagre de vinho tinto. 1 cebola finamente picada. A polpa de um tomate finamente picada. Sal. Pimenta branca moída no momento.

Misturo os ingredientes e deixo a mistura curtir por duas horas, no mínimo, antes de utilizar. (França)

Azeite / Quentes

Mesmo os molhos quentes à base de azeite não carecem, depois de usados, da proteção de uma geladeira. Guarde-os bem cobertos por um pano úmido, em lugar fresco e livre de invasores. E não se esqueça: ao voltar a aquecê-los, use o velho método do banho-maria.

Molho alla acciugata
(para massas)

12 colheres de sopa de azeite de olivas. 24 filés de anchovas levemente salgados. 3 dentes de alho cru, finamente picados.

Aqueço o azeite em fogo baixo. Lanço as anchovas e o alho. Misturo suavemente por três minutos, sem desmanchar os filés. (Itália)

Molho à moda da Picardia
(para saladas e peixes frios)

2 decilitros de maionese. 100 gramas de polpas de tomates bem enxutas e passadas numa peneira. 1 pimentão verde, assado, sem sementes e cortado em filezinhos. 1 dente de alho esmagado. 1 colher de sopa de azeite de olivas.

Aqueço o azeite. Frito levemente os filezinhos de pimentão, temperados com um tico de sal. Resfrio. Cozinho o purê de tomates com mais um pingo de azeite, o alho e outro tico de sal. Fogo brando. Em dez minutos, retiro. Resfrio novamente. Despejo a maionese numa terrina. Incorporo os tomates e os filés de pimentão. (França, Picardia)

MOLHO ALLE VONGOLE

(para massas)

12 colheres de azeite de olivas. 600 gramas de vongole com cascas. 3 dentes de alho esmagados. As polpas de seis tomates pelados e bem enxutos. Algumas pitadinhas de pimenta vermelha. Sal.

Aqueço três colheres de azeite numa frigideira. Lanço as vongole. Espero que se abram. Retiro os moluscos das cascas. Noutra frigideira, esquento o azeite restante. Refogo o alho. Adiciono os moluscos. Depois de um par de minutos, mexendo bem, acrescento os tomates. Tempero com o sal e a pimenta. Cozinho por oito minutos, sem parar de mescolar. (Itália)

Os Molhos Perfumados pelas Ervas, pelas Frutas e pelos Vegetais

É praticamente impossível detectar na História o fio que conduza ao tempo em que o homem se utilizou das primeiras ervas, dos primeiros aromatizantes – e até mesmo dos primeiros vegetais. Mesmo os mais meticulosos pesquisadores do passado preocuparam-se pouco com a cozinha e seus correlatos. Sabe-se, por dedução e associação de informações, que alguns temperos já faziam parte da nutrição das famílias do período Mesolítico, cerca de uns dez mil anos atrás. Só no século II antes de Cristo, porém, Catão reuniu num volume opuscular uma pequena coleção de receitas. E só no século I um certo Marcus Gavius Apicius elaborou uma relação de fórmulas organizadamente gastronômicas.

Assim, para se entenderem os prolegômenos do uso dos vegetais na alimentação, é necessário aprofundar-se nos tratados que relatam a evolução da agricultura, da botânica e até da medicina. Por exemplo, verdadeiros pioneiros do enciclopedismo, como Teofrastus ou Plínio, o Velho, fontes de algumas descobertas bem interessantes.

O ato de cozinhar, na acepção da palavra, deve ter acontecido pela primeira vez nos entornos de 8500 a.C., como consequência do desenvolvimento da tecnologia do fogo – e da cerâmica, que redundou em pratos e terrinas e panelas e vasilhames de guardar coisas.

Naqueles tempos, já se condimentavam carnes e peixes com mel. Havia, no entanto, inúmeros produtos nativos que certamente participavam das refeições humanas: raízes, bulbos, folhas, flores, sementes. Alguns deles, perfeitamente identificáveis, apesar da distância – os aspargos, as cebolas, as alcaparras, a mostarda, os rabanetes, o anis, o cominho, a erva-doce, o funcho, o alecrim, a salsinha verde, o salsão, a sálvia, o tomilho, o orégano, a menta, seguramente os mais venerandos temperos de que se tem notícia.

O leitor, evidentemente, não é obrigado a construir hortas em seu quintal para perpetrar os molhos que aqui sugiro. Quando não encontrar as ervas indicadas em seu estado mais fresco e natural, não se preocupe: o mercado brasileiro já dispõe de excelentes produtos desidratados, um espectro tão vasto e tão abrangente que mesmo os maiores gourmets não têm mais de que se queixar.

Agora, um recado: guarde seus vidrinhos em lugares frescos e protegidíssimos da luz, o grande inimigo dos desidratados.

Ervas, frutas e vegetais / Frios

Todos os molhos frios à base de ervas e especiarias, praticamente sem nenhuma exceção, atingem a integridade de sua textura e de seu sabor quando são preparados exatamente como sugerem as receitas – e com uma antecedência bem especial. Os meus, normalmente, ressalvadas as anotações em contrário, são sempre feitos no dia anterior à sua utilização. Pessoalmente, sou contrário à sua guarda para depois. Além de um dia ou pouco mais, as ervas e as especiarias entram em processo de fermentação, macerando-se em demasia dentro das emulsões que lhes servem de suporte. Um caso específico: a salsinha verde, aparentemente inofensiva, corre sempre o risco de embolorar; ou, na hipótese mais singela, de azedar o seu caldo.

CHUTNEY DE COCO
(para carnes e peixes)

½ coco bem raladinho. 1 colher de sopa de gengibre raladinho. 4 pimentõezinhos em conserva.

2 dentes de alho moídos. Gotas de suco de limão. Sal.

Esmago todos os ingredientes temperados com o limão e o sal. Quando a massa estiver homogênea e amalgamada, pingo mais um tico de limão. (Índia)

CHUTNEY DE FRUTAS
(para carnes e peixes)

250 gramas de maçãs sem cascas e sem sementes. 200 gramas de ameixas sem sementes. 200 gramas de peras sem cascas e sem sementes. 500 gramas de açúcar. 40 gramas de uvas-passas sem sementes. 10 dentes de alho moídos. Pitadas de pimenta vermelha. Pitadas de cominho. Pitadas de pimenta-do-reino. Ideias de gengibre em pó, coentro em pó, canela em pó, cravo moído, cardamomo esmagado. Sal. Água fresca.

Em pouquíssima água, cozinho as maçãs, as ameixas e as peras. Depois de alguns minutos, escorro muito bem e corto as frutas em pedaços aleatórios. Coloco tudo numa caçarola esmaltada e adiciono todos os outros ingredientes e temperos. Condimento com um mínimo de sal. Rebaixo completamente o fogo. Cozinho durante uma hora, mexendo sempre. Resfrio. (Índia)

Chutney de manga
(para carnes, crustáceos e peixes)

400 gramas de polpas de mangas bem desfiadas. 250 gramas de açúcar. 3 dentes de alho moídos. Pitadas de pimenta vermelha, cominho, pimenta-do-reino, gengibre em pó, coentro em pó, canela em pó, cravo moído e cardamomo esmagado. Sal. Um pouquinho de água fresca.

Num quase nada de água, cozinho as mangas. Depois de alguns minutos, retiro. Escorro o líquido. Coloco os pedaços de frutas numa caçarola esmaltada e adiciono todos os outros ingredientes. Tempero com o sal. Rebaixo o fogo. Cozinho suavemente, por uma hora, mexendo sempre. Resfrio. (Índia)

Marinatina I
(para peixes crus)

150 gramas, em partes iguais, de cebola, cebolinha verde, alho, tomilho, louro e sementes de cravo, finamente picados e esmagados num pilão. 3 decilitros de vinho branco bem seco. 3 colheres de sopa de azeite de olivas. Gotas de suco de limão. Sal. Pimenta-do-reino moída no momento.

Misturo bem os temperos todos. Acrescento o vinho. Deixo macerar por quatro ou cinco horas. Numa terrina, coloco os peixes a marinar. Cubro com o caldo. Espero 12 horas antes de preparar. (Itália)

Marinatina II

(para porções cruas de carne)

A mesma receita da marinatina para peixes. Em vez de vinho branco, porém, vinho tinto bem seco.

Depois de cobrir as bistecas ou bifes, espero 24 horas antes de preparar. As carnes vermelhas exigem um pouco mais de maceração. (Itália)

Molho de atum à siciliana

(para massas)

180 gramas de carne de atum desfiada. 3 dentes de alho bem esmagados. 2 colheres de sopa de alcaparras. 2 colheres de sopa de azeitonas verdes sem caroços e filetadas. 1 pimentão vermelho, sem sementes, finamente picado. 1 colher de sopa de vinagre de vinho branco. 3 colheres de sopa de azeite de olivas. Orégano. Sal.

Misturo o alho às alcaparras. Acrescento as azeitonas e o pimentão. Misturo bem. Despejo o vinagre e o atum. Misturo. Tempero com o vinagre, orégano e o sal. Acrescento azeite em quantidade suficiente para obter uma pasta fluente e homogênea. (Itália, Sicília)

Molho de hortelã à moda indiana

(para carneiro, cordeiro, usos diversos)

300 gramas de iogurte natural. 60 gramas de folhas de hortelã picadas aleatoriamente. Pitadas de curry. Pitadas de sal.

Incorporo as folhas de hortelã ao iogurte. Misturo bem e tempero suavemente com pitadas de curry e sal. (Índia/Paquistão)

Molho de limão e mostarda

(para saladas)

3 colheres de sopa de suco de limão. 1 colher de sopa, em partes iguais, de cebolinha verde e salsinha verde. 8 gemas de ovos. 2 colheres de sopa de mostarda cremosa. ½ copo de vinho branco bem seco. 12 colheres de sopa de azeite de olivas. Sal.

Misturo o vinho à mostarda. Deixo repousar por meia hora. Acrescento as gemas. Bato bem, manualmente. Adiciono o azeite, suavemente, pouco a pouco, sem parar de misturar. No instante em que o molho começa a engrossar, somo os outros ingredientes. Tempero com o sal. (França)

Molho missô de soja
(para usos diversos)

2 decilitros de molho de soja industrializado. 1 xícara de açúcar. 1 copo de vinho de cereais. 2 gemas de ovos.

Misturo o molho de soja ao açúcar e ao vinho de cereais. Por exemplo, o sakê. Mexo bem. Aqueço em fogo alto até aferventar. Rebaixo o fogo. Cozinho, suavemente, por 30 minutos, mexendo sempre. Retiro. Longe do calor, adiciono as gemas, uma de cada vez, batendo sem parar. Este molho pode ser utilizado quente ou frio. Os orientais, no entanto, dão preferência à sua aplicação à temperatura ambiente. (Japão)

Molho de nozes à moda toscana
(para carnes grelhadas)

120 gramas de nozes finamente picadas. 30 gramas de salsinha verde, também picadinha. 1 decilitro de vino cotto. 3 colheres de sopa de azeite de olivas. Sal. Pimenta-do-reino moída no momento.

Esmago as nozes e a salsinha. Misturo bem. Passo numa peneira. Adiciono o azeite de olivas, mescolando sempre e adensando a pasta. Tempero com o sal e a pimenta. Acrescento o *vino cotto*. (Itália, Toscana)

Molho oriental
(para carnes e peixes)

150 gramas de molho de soja. 150 gramas de molho de tomates à moda chinesa. 30 gramas de sementes de anis, sementes de cravo e canela em cascas, em partes iguais. 30 gramas de açúcar vanilla. 1 dente de alho moído.

Misturo todos os ingredientes. Esmago as partes duras. Passo cuidadosamente numa peneira bem fina. (China)

Molho al pesto genovês clássico
(para massas)

As folhas de três maços de manjericão, bem lavadas e muito bem secas. 25 gramas de queijo pecorino da Sardenha, ralado no momento. 25 gramas de queijo parmesão ralado no momento. 1 decilitro de azeite de olivas. 2 dentes de alho. 25 gramas de pinóis. 25 gramas de nozes. Sal grosso.

Numa terrina preferivelmente de mármore ou pedra lisa, coloco as folhas de manjericão livres de suas nervuras centrais. Adiciono os dentes de alho e boas pitadas de sal grosso. Esmago com um pilão de madeira de modo a transformar os ingredientes numa pasta. Polvilho pouco a pouco os pinóis e as nozes, esmagando sem parar. Acrescento os dois tipos de queijos, lentamente, mescolando e esmagando em rituais movimentos rotatórios. Aqui e ali auxilio o procedimento respingando na pasta filetes de azeite de olivas. Trabalho sem cessar, até que o molho adquira a consistência amalgamada de um creme macio. Os radicais da tradição da Ligúria recusam-se a usar nozes no pesto, admitindo, no máximo, a inclusão dos pinóis. Sou, porém, democrata. Acho que todas as variações são igualmente deliciosas.

No momento de cobrir a massa com o pesto, aconselho o leitor a diluir o molho com uma colherada da própria água do macarrão. (Itália, Ligúria)

Molho de tomates à moda chinesa
(para crustáceos)

½ decilitro de suco de laranjas. 1 decilitro de sugo de tomates. 1 decilitro de água. ½ decilitro de vinagre de vinho branco. Gotas de molho de soja industrializado.

Misturo todos os ingredientes. Cozinho até reduzir a 50%. (China)

Mostarda de Cremona
(para carnes cozidas)

150 gramas de açúcar. Pedaços de maçã, peras, pêssegos, uvas. 30 gramas de mostarda em pó. Gotas de suco de limão. Água fresca.

Aqueço o açúcar, até que se transforme em calda. Aos poucos acrescento colheradas de água, de modo a dar à calda a consistência de um xarope. Adiciono os pedaços de frutas, aquelas disponíveis, até o ponto de engrossarem o xarope. Cozinho por meia hora. Passo tudo numa peneira bem fina. Tempero, então, com as gotas de limão e a mostarda em pó. Resfrio. Para quem prefere sabor mais picante, basta usar uma dose maior de mostarda em pó. (Itália, Lombardia)

Ervas, frutas e vegetais / Quentes

São ostensivas as razões pelas quais não aconselho a conservação da imensa maioria dos molhos quentes à base de ervas, especiarias, verduras e até frutas. Todas as plantas, todos os vegetais, possuem um momento de cocção muito sutil – além do qual podem perder suas características e principalmente o seu perfume. Certas ervas, aliás, nem devem ser aquecidas. Cozidas, tornam-se insossas e inúteis.

Os deste capítulo são os molhos mais delicados de todos. Muito carinho, portanto. Meio minuto pode ser fatal.

Como conheço eu o momento exato de interromper uma operação destas, quase uma infusão? Aprendi apanhando. Na tentativa, no erro – e na correção do engano. Aprendi, também, confiando no meu nariz.

O olfato é o melhor instrumento de trabalho de um bom *chef*.

Molho de alcachofras da Ligúria

(para massas)

6 fundos de alcachofras, previamente cozidos, cortados em filezinhos. 100 gramas de cebola, alho, salsinha verde, funghi secchi reidratados, em partes iguais, finamente picados. Vinho branco seco. Farinha de trigo peneirada. Um pouquinho de sugo de tomates. Azeite de olivas. Sal. Água fresca.

Molho o piso de uma frigideira com o azeite. Refogo a cebola, o alho, a salsinha verde e os *funghi*. Tempero com o sal. Adiciono os filezinhos de alcachofras. Cozinho mais uns cinco minutos em chama brandíssima. Ligo com um tico de farinha, mexendo sem parar, água fresca e colherinhas de *sugo* de tomates. Quando o molho me parece suficientemente adensado, lanço vinho branco a meu gosto. Cozinho mais um pingo. (Itália, Ligúria)

Molho das Bermudas

(para crustáceos e outros frutos do mar)

5 xícaras de chá de purê peneirado de mangas maduras. 2/3 de xícara de chá de suco de laranjas, cuidadosamente filtrado. 1/3 de xícara de chá de suco de maracujá, também filtrado. O sumo de ½ limão, idem. Pitadas de sal. Aspartame. Um toque de curry picante.

Em banho-maria, aqueço o purê de mangas. No momento das borbulhas, agrego o suco de laranjas e o suco de maracujá. Mexo e remexo por alguns instantes. Retomo a ebulição. Reduzo, suavemente, por cerca de dez minutos. No instante derradeiro, arredondo o paladar com algumas pitadinhas bem miudinhas de sal e de aspartame. Tempero, à vontade, com o curry. (Brasil-SL)

Molho bonne femme

(para peixes)

1 cenoura grande. 1 cebola bem grande. 100 gramas de cogumelos frescos. 4 colheres de sopa de salsinha verde e cebolinha verde finamente picadas. ½ pãozinho francês. 250 gramas de creme de leite. 30 gramas de manteiga sem sal. Pimenta-do-reino moída no momento. Sal. Água fresca.

Aqueço a manteiga. Refogo a cenoura, a cebola e os cogumelos em micropedaços. Acrescento mais ou menos 2 decilitros de água. Rebaixo a chama. Cozinho por uns 15 minutos. Retiro. Escorro. Paralelamente, desmancho o pãozinho no creme de leite. Misturo aos vegetais. Passo tudo numa peneira. Tempero com o sal e a pimenta. Devolvo ao fogo. Reduzo em fogo muito sutil, por cinco minutos. (França)

Molho ao cominho

(receita de Apicius, para frutos do mar)

1 colher de café de cominho em pó. 100 gramas, em partes iguais, de salsão, salsinha verde, hortelã, casca de limão. 1 copo de fumê de peixe, ou caldo leve de cozimento de frutos do mar. 1 colher de chá de mel. 1 colher de sopa de vinagre de vinho branco. Pimenta vermelha em pó.

Pico bem o salsão, a salsinha verde, a hortelã, a casca de limão sem nenhum branco. Cubro com o vinagre e misturo bem. Aqueço levemente. Despejo o fumê de peixe. Levo à ebulição. Rebaixo o calor. Lanço o cominho e o vinagre, mexendo sem parar. Acrescento o mel. Cozinho, mexendo sempre, por 30 segundos. Tempero com a pimenta. (Itália)

Molho curry

(para carnes, peixes, crustáceos, ovos)

1 colher de sopa de curry. 1 colher de sopa de salsinha verde finamente picada. Pitadinhas de sal de aipo. Pingos de tomilho. 1 folha de louro. Um nadinha de noz-moscada. Gotas de suco de limão. 4 decilitros de caldo de carne ou galinha (para carnes e ovos), ou de fumê de peixe diluído (para peixes e crustáceos). 1 decilitro de creme de leite. 25 gramas de manteiga sem sal. 25 gramas de farinha de trigo peneirada. 100 gramas de cebola moída.

Aqueço a manteiga e refogo a cebola. Adiciono a salsinha. Mexo. Lanço as pitadinhas de sal de aipo, o tomilho, a folha de louro e a noz-moscada. Polvilho com a farinha e o curry. Misturo até que a pasta adquira uma cor levemente dourada. Banho com o caldo e o fumê. Misturo. Em fogo forte, levo à ebulição. Rebaixo o calor e continuo o cozimento em chama sutilíssima por 40 minutos. Passo numa peneira. Devolvo o molho ao fogo. Levo outra vez à ebulição. Completo no finzinho com o creme de leite e as gotas de suco de limão.

Observação: Caso o leitor deseje produzir seu próprio pó de curry, aconselho uma fórmula singela. Ingredientes: 20 gramas de canela em lascas. 5 gramas de sementes de cravo. 5 gramas de folhas de coentro, devidamente secas. 4 gramas de pó de cominho. 4 gramas de pimenta-do-reino moída no momento. 1 grama de pimenta vermelha em pó. 2 gramas de gengibre em pó. ½ grama de cardamomo. Modo de fazer: esmago tudo num pilão e passo num filtro finíssimo de pano ou metal. (Índia)

Molho de funghi à moda da Ligúria
(para massas)

180 gramas de funghi secchi. 1 colher de sopa de pinóis. 4 filés de anchovas. 6 tomates sem semente e sem pele. 1 colherinha de alho moído. 3 colheres generosas de azeite de olivas. Sal.

Pico os *funghi*. Incorporo as anchovas e o alho. Aqueço o azeite. Refogo a mistura. Enquanto isso, esmago os pinóis. Acrescento. Lanço então os tomates. Fogo baixíssimo. Salgo, cozinho suavemente, até obter a densidade de minha predileção. Não mais de dez minutos. (Itália, Ligúria)

Molho de hortelã à moda inglesa

(para ovinos assados ou grelhados)

100 gramas de folhas de hortelã finamente picadas. 3 decilitros de vinagre de vinho branco. 50 gramas de açúcar. Sal e pimenta branca moída no momento. Água fresca.

Afervento o vinagre. Retiro. Lanço as folhas de hortelã. Deixo em infusão até que tudo se resfrie bastante. Acrescento, então, 2 decilitros de água fria e o açúcar. Tempero, aqui e ali, com o sal e a pimenta. Mexo com muitíssimo cuidado. Reduzo por dez minutos. (Inglaterra)

Molho de hortelã e queijo à moda da Sardenha

(para massas)

300 gramas de queijo pecorino ralado em fatias de bom tamanho. 50 gramas de folhas de hortelã. 100 gramas de azeite de olivas. Água fresca.

Aqueço algumas colheres de água. Lanço o pecorino e misturo. Espero o queijo derreter. Escorro a água. Acrescento o azeite. Em fogo brandíssimo, continuo o cozimento. Quando o queijo e o azeite se amalgamam, lanço as folhas picadinhas de hortelã. Misturo bem. (Itália, Sardenha)

Molho de laranjas
(para carnes brancas)

O suco de uma laranja. Gotas de suco de limão. 2 boas colheres de casca de laranja raladinha, sem nada do seu branco. 2 decilitros de fondo bruno. 20 gramas de açúcar misturado a uma colherinha de vinagre de vinho branco. 1 colherinha generosa de licor de Curaçau.

Em fogo meigo, faço o açúcar caramelar. Incorporo o *fondo bruno*. Levanto o fogo e espero a ebulição. Adiciono os sucos. Depois de dois minutos, rebaixo o calor. Mexo com cuidado. Passo numa peneira. Completo com as colheres de casca de laranja e o Curaçau. Mexo ainda. (Antilhas, Caribe)

Molho de limão
(de 1773, II Cuoco Corrado; para carnes grelhadas)

O suco de seis limões. Pitadas de açúcar. 3 cascas de canela. 1 copo de água fresca. A casca de um limão, raladinha.

Afervento a água. Lanço as cascas de canela. Rebaixo o fogo. Espero cozinhar até que o líquido se reduza à metade. Acrescento o suco dos limões. Polvilho com açúcar para quebrar a acidez. Cozinho em fogo baixo até que o líquido se reduza a 70%. Filtro o molho. (Itália)

Molho de milho

(para carnes assadas ou grelhadas)

300 gramas de grãos de milho frescos e debulhados das espigas. 500 gramas de molho espanhol. Sal. Pimenta-do-reino moída no momento. Gotas de vinagre de vinho tinto. 50 gramas de manteiga sem sal.

Aqueço a manteiga. Lanço os grãos de milho. Refogo por cinco minutos, mescolando sem parar. Rebaixo o fogo. Incorporo o molho espanhol. Tempero com o sal, a pimenta e o vinagre. Deixo cozinhar por 15 minutos – ou até que os grãos de milho se mostrem bem macios.

Observação: Este molho também pode ser produzido com pedaços de batatas previamente cozidas em água e sal. (Brasil-SL)

Molho de mostarda

(para carnes assadas e grelhadas)

2 colheres generosíssimas de mostarda cremosa. 1 colher de chá de mostarda em pó. Suco de meio limão. 1 decilitro de creme de leite bem adensado. Sal. Pimenta branca moída no momento.

Numa terrina misturo as mostardas e o sal. Adiciono o suco de limão e a pimenta. Mexo bastante. Lentamente incorporo o creme, em filetes, mescolando sem parar. Aqueço, se necessário, em banho-maria. (França)

MOLHO DE NOZES E PINÓIS
(para massas)

150 gramas de nozes peladas. 30 gramas de pinóis. 80 gramas de manteiga sem sal. 60 gramas de queijo parmesão ralado no momento. 20 gramas de manjericão finamente picado. 2 dentes de alho esmagados. Água fresca. Azeite de olivas. Sal. Pimenta branca moída no momento.

Aqueço o forno. Depois de 15 minutos de fogo forte, reduzo. Disponho as nozes e os pinóis numa travessa e coloco para assar, por cerca de três minutos. Retiro. Esmago muitíssimo bem. Aqueço a manteiga, até que doure. Incorporo a pasta de nozes e pinóis. Misturo com muito afeto, espero que transmitam sabor à manteiga. Retiro e passo numa peneira bem fina. Coloco numa terrina. Acrescento o queijo, mexo com cuidado. Tempero com o sal, a pimenta branca, o manjericão e o alho. Mexo ainda, carinhosamente. Despejo uma ou outra colherada de água tépida. Misturo. Despejo também o azeite em filete, até obter um molho de consistência mediana. Mexo, e mexo. (Itália, Piemonte)

MOLHO PICANTE

(de Apicius; para carnes brancas)

300 gramas de vino cotto. 50 gramas de folhas de hortelã devidamente picadas. 30 gramas de pinóis esmagados. 80 gramas de uvas-passas. 30 gramas de queijo parmesão ralado. 1 colher de sopa de mel. Gotas de vinagre de vinho branco. Pitadas de sal, de aipo e de pimenta vermelha. Azeite de olivas.

Misturo as folhas de hortelã, os pinóis e o parmesão ralado a azeite de olivas em quantidade suficiente para fazer uma pasta densa. Passo numa peneira. Acrescento o mel, as uvas-passas e o *vino cotto*. Aqueço. Tempero com o vinagre, o sal, o aipo e a pimenta vermelha de modo a obter um molho bem forte. (Itália, Lazio)

MOLHO DE PIMENTA E QUEIJO
À MODA DOS ABRUZOS

(para massas)

300 gramas de queijo pecorino ralado. Pimenta vermelha.

Antes que a massa fique *al dente*, retiro duas conchas de água. Numa panelinha comum, lanço o queijo na água. Tempero com pimenta vermelha à vontade. Filtro o caldo, eliminando o máximo possível de líquido. Escorro a massa. No escorredor mesmo, misturo o queijo devidamente apimentado. Detalhe: essa operação é delicada. Se não der certo na primeira vez, basta acrescentar um pouco mais de água ao queijo com pimenta e mescolá-los à massa ainda fervente. (Itália, Abruzos)

Peverada romagnola
(para carnes grelhadas)

300 gramas de vino cotto. 60 gramas de pão torrado em cubinhos. 100 gramas de caldo de carne (ou essência de carne bem diluída). 30 gramas de queijo parmesão ralado. Pitadas de noz-moscada. Sal. Pimenta-do-reino moída no momento.

Misturo o *vino cotto* ao caldo de carne. Levo à ebulição. Rebaixo o fogo. Adiciono o pão torrado. Misturo. Tempero com a noz-moscada, o sal e generosas pitadas de pimenta-do-reino. Cozinho até que a consistência do molho se adense. Cubro com o queijo ralado. (Itália, Emília-Romagna)

Tocco di funghi
(para carnes)

500 gramas de cogumelos bem limpos, bem secos e filetados. 1 decilitro de azeite de olivas. 1 cebola e 1 dente de alho finamente picados. A polpa de três tomates esmagados. Sal. Pimenta branca moída no momento.

Douro o alho e a cebola no azeite. Adiciono os cogumelos. Rebaixo o calor. Depois de cinco minutos, acrescento os tomates. Tempero com o sal e a pimenta. Cubro a panela e, em fogo suavíssimo, cozinho por aproximadamente 30 minutos. (Itália)

Os Molhos que Nascem da Manteiga

A manteiga é uma substância gordurosa e de sabor bem pouco definível que se extrai do leite dos animais mamíferos, em particular a búfala e a vaca. Emprega-se na gastronomia de todo o planeta, especialmente na Europa alpina. Lá, muito a propósito, extrai-se a melhor matéria-prima do mundo, graças à qualidade das pastagens e ao apuro das raças que se espalham da Itália até os baixios de Bélgica e Holanda.

A origem da manteiga remonta à antiguidade remotíssima, aos povos nômades e pastores que coagulavam o leite de suas cabras, novilhas, ovelhas, enquanto peregrinavam em busca de outras paragens.

Foram os gregos, de qualquer modo, os primeiros a aplicar suas propriedades gastronômicas na preparação de receitas. Desde então a manteiga assumiu lugar de honra na cozinha. Nem mesmo as recentes invenções da culinária dietética e naturalista abalaram seu poder.

Manteiga / Frios

Na verdade, não existem propriamente molhos frios à base de manteiga. O leitor facilmente descobrirá que este capítulo inclui fundamentalmente pastas, manteiga mesmo, carinhosamente enriquecidas, abrilhantadas até, por ervas, especiarias e outras preciosidades.

Além das alternativas que sugiro, há milhares de outras possibilidades que o cozinheiro atento idealizará com seu talento e sua sensibilidade. As manteigas que seguem podem e devem ser conservadas em geladeiras, nos dispositivos reservados aos laticínios. Ninguém se esqueça, porém, de devolvê-las à temperatura ambiente alguns minutos antes de sua utilização. Canapés já prontos também podem ser preservados nos baixos do refrigerador, desde que cobertos por um pano bem limpo e levemente umedecido, a fim de que não ressequem.

MANTEIGA DE ALHO
(para canapés frios)

125 gramas de manteiga sem sal. 100 gramas de dentes de alho aferventados e bem enxutos.

Esmago o alho. Incorporo a manteiga. Passo numa peneira bem fina. Resfrio. (França)

Manteiga de anchovas
(para canapés frios)

100 gramas de manteiga sem sal. 4 anchovas dessalgadas. 1 pitadinha de pimenta branca moída no momento.

Esmago as anchovas. Incorporo a manteiga. Tempero com a pimenta. Passo tudo numa peneira bem fina. (Itália)

Manteiga de atum
(para crustáceos e canapés)

125 gramas de manteiga sem sal. 6 gemas de ovos. Sal. Pimenta vermelha em pó. 200 gramas de atum.

Esmago a manteiga, as gemas, o sal, a pimenta vermelha e o atum. Passo numa peneira bem fina. (Itália)

Manteiga à bourguignonne
(para *escargots* e moluscos)

500 gramas de manteiga sem sal. 2 dentes de alho ralados. 30 gramas de salsinha verde finamente picada. 30 gramas de cebolinha verde finamente picada. 15 gramas de sal. 5 gramas de pimenta branca moída no momento.

Esmago a manteiga, o alho, a salsinha, a cebolinha. Tempero com o sal e a pimenta branca.

Passo tudo numa peneira, bem fina. (França, Borgonha)

MANTEIGA DE CAMARÕES
(para *barquettes*, *tartelettes* e canapés)

200 gramas de manteiga sem sal. 100 gramas de carne de camarões aferventados.

Esmago a carne de camarões. Incorporo a manteiga. Passo numa peneira bem fina. Resfrio. (França)

MANTEIGA DE CAVIAR
(para canapés frios e peixes)

200 gramas de manteiga sem sal. 50 gramas de caviar.

Esmago a manteiga e o caviar. Passo numa peneira bem fina. (França)

MANTEIGA CHIVRY
(para usos diversos)

150 gramas de manteiga sem sal. 20 gramas de cebolinha verde finamente picada, aferventada e escorrida. 150 gramas, em partes iguais, de folhas de salsinha verde, cerefólio, estragão, cipollina italiana, erva-doce, aferventadas por três minutos em água salgada – e depois muito bem escorridas e enxutas.

Esmago as folhas, a cebolinha verde e a manteiga. Misturo bem e passo tudo numa peneira bem fina. Resfrio. (França)

Manteiga Colbert

(para carnes e peixes grelhados)

100 gramas de manteiga sem sal, amornada e liquefeita. ½ colherada de salsinha verde finamente picada. 1 colherada de estragão finamente picado. 1 colherada de essência de carne, diluída numa taça de brodo. O suco de um quarto de limão. 8 gramas de sal. Pitadas de pimenta branca moída no momento.

Homogeneízo a manteiga, a salsinha, o estragão, a essência de carne, o suco de limão, a pimenta branca e o sal. Mexo com carinho. Resfrio. (França)

Manteiga de ervas

(para carnes brancas e peixes)

250 gramas de manteiga sem sal, amornada e liquefeita. 90 gramas de ervas várias, em partes iguais, alecrim, manjericão, estragão, sálvia, coentro, finamente picadas. O suco de meio limão. Sal. Pimenta branca moída no momento.

Incorporo as ervas à manteiga. Tempero com o sal, a pimenta branca e o suco de limão. Misturo bem e cuidadosamente. Resfrio. (França)

Manteiga de lagosta
(para *barquettes*, *tartelettes* e canapés)

200 gramas de manteiga sem sal. 100 gramas de carne de lagosta aferventada.

Esmago a carne de lagosta. Incorporo a manteiga. Passo numa peneira bem fina. Resfrio. (França)

Manteiga maître d'hôtel
(para carnes e peixes grelhados)

200 gramas de manteiga sem sal. 1 colherinha de salsinha verde finamente picada. Algumas gotas de suco de limão. 6 gramas de sal. Pitadas de pimenta branca moída no momento.

Misturo a manteiga à salsinha, ao sal, à pimenta branca e às gotas de suco de limão. Com uma espátula misturo os ingredientes até obter uma pasta homogênea e amalgamada. (França)

Manteiga maneggiata
(para usos diversos)

75 gramas de manteiga sem sal, amornada e liquefeita. 100 gramas de farinha de trigo peneirada.

Misturo, a frio, a manteiga e a farinha. (Itália)

Manteiga de manjericão

(para peixes e carnes brancas)

150 gramas de manteiga sem sal e batida. 2 dentes de alho moído. 1 xícara de manjericão picado. O suco de meio limão.

Incorporo o alho, o manjericão e o limão à manteiga. Misturo bem. (Itália, Ligúria)

Manteiga Montpellier

(para carnes brancas e peixes)

200 gramas de manteiga sem sal, amornada e liquefeita. 1 decilitro de azeite de olivas. 30 gramas de folhas de agrião. 30 gramas de espinafre. 2 cebolinhas verdes. 1 pepino pequeno, sem casca. 1 colher de sopa de alcaparras dessalgadas. 4 filés de anchovas. 2 gemas de ovos previamente cozidos. Sal.

Afervento o agrião, o espinafre e as cebolinhas. Resfrio. Escorro e pico muito bem. Também pico o pepino, as alcaparras e as anchovas. Adiciono as gemas esmagadas. Passo tudo numa peneira fina. Aos poucos acrescento a manteiga. Volto a passar na peneira. Incorporo lentamente o azeite com um batedor. Tempero com o sal. Resfrio, se necessário. (França, Languedoc-Roussillon)

Manteiga de pimentões

(para canapés frios)

200 gramas de manteiga sem sal. 150 gramas de pimentões vermelhos, previamente assados, resfriados e cortados em pedacinhos.

Esmago a manteiga e os pimentões. Passo numa peneira bem fina. (Espanha)

Manteiga de salmão

(para *barquettes*, *tartelettes*, canapés frios e peixes)

200 gramas de manteiga sem sal. 75 gramas de filés de salmão defumado.

Esmago o salmão e a manteiga. Passo numa peneira bem fina. (França)

Manteiga / Quentes

Não existe um tablete de manteiga exatamente igual ao outro. Por isso, ao aquecê-la em caçarola ou frigideira como etapa inicial da preparação de um molho, aja sempre como na primeira vez: tome todos os cuidados para que a manteiga não derreta depressa demais, queimando-se no calor. Por melhores que sejam os coeficientes de afinação da indústria de laticínios, há mínimas variações de soro e gorduras de um tablete para outro. O tempo de manutenção numa gôndola de supermercado ou numa geladeira também pode interferir no resultado. A manteiga, como os queijos em geral, é um organismo vivo e se rebela contra certas agressões ou atos incompetentes.

Antes de guardar um molho à base de manteiga quente num refrigerador, espere que ele chegue, naturalmente, à temperatura ambiente. Então mexa bem, homogeneizando o caldo e evitando que a manteiga corra o risco de coagular num clima mais frio. E não se esqueça: o reaquecimento posterior tem de ser feito em banho-maria.

BAGNA CAÔDA

(para verduras cruas)

75 gramas de manteiga sem sal. 50 gramas de azeite de olivas. 3 bons dentes de alho esmagados. 4 filés de anchovas dessalgados e esmagados. Sal.

Numa cumbuca de barro ou metal, coloco a manteiga, o azeite, os dentes de alho, as anchovas e pitadas de sal. Disponho a cumbuca sobre um *réchaud* no centro da mesa e à disposição de meus convidados. Espero que o alho fique dourado. Ofereço, então, vários tipos de verduras e vegetais absolutamente crus, como cenouras, pepinos, funchos, salsões ou cardos italianos – cortados no sentido do comprimento. A *bagna caôda* precisa permanecer quente até que se esgotem as verduras. (Itália, Piemonte)

MANTEIGA BERCY

(para peixes e carnes grelhados)

100 gramas de manteiga sem sal, amornada e liquefeita. 50 gramas de tutano cozido e finamente picado. 2 cebolinhas verdes finamente picadas. 1 decilitro de vinho branco seco. 1 colherinha de salsinha verde finamente picada. O suco de meio limão. Sal. Pimenta branca moída no momento.

Aqueço o vinho. Acrescento as cebolinhas. Reduzo, quase à metade. Retiro do fogo. Acrescento, pouco a pouco, a manteiga, o tutano e a salsinha. Tempero com o suco de limão, o sal e a pimenta branca. (França)

Manteiga branca
(para peixes grelhados)

125 gramas de manteiga sem sal, amornada e liquefeita. ½ decilitro de vinagre de vinho branco. 1 cebolinha verde finamente picada. Pimenta branca moída no momento.

Aqueço o vinagre em fogo bem forte. Acrescento a cebolinha. Reduzo, quase à metade. Retiro. Acrescento, pouco a pouco, a manteiga e a pimenta, mescolando com muito carinho. (França)

Manteiga clarificada
(para usos diversos)

300 gramas de manteiga sem sal.

Derreto a manteiga em calor bem suave, de preferência no banho-maria, durante uma dezena de minutos. Nesse intervalo, seu soro, em processo de coagulação, pousará no fundo da panela, separando-se do resto da manteiga. Espero sedimentar. Retiro a manteiga então clarificada, fazendo-a passar através de um filtro de pano bem fino. (França)

Manteiga de estragão
(para usos diversos)

125 gramas de manteiga sem sal, amornada e liquefeita. 50 gramas de folhas de estragão, aferventadas e escorridas e enfim finamente picadas.

Misturo a manteiga e o estragão. Passo numa peneira. (França)

Manteiga de funghi
(para carnes grelhadas)

150 gramas de manteiga sem sal. 150 gramas de funghi secchi ou cogumelos brancos, picados, levemente refogados em manteiga e temperados com sal e pimenta-do-reino moída no momento.

Esmago os *funghi* e a manteiga. Aqueço. Passo numa peneira bem fina. (Itália)

Manteiga marchand du vin
(para carnes grelhadas)

100 gramas de manteiga sem sal. 1 decilitro de vinho tinto bem seco. 20 gramas de cebo-

linha verde finamente picada. 20 gramas de salsinha verde finamente picada. 20 gramas de essência de carne. Sal. Pimenta-do-reino moída no momento.

Em fogo bem forte, reduzo o vinho, temperado com a cebolinha, à metade de seu volume. Retiro e misturo à manteiga. Acrescento a salsinha, a essência de carne, o sal e a pimenta-do--reino. (França)

Molho de alcaparras e anchovas

(para carnes grelhadas)

100 gramas de manteiga sem sal. 50 gramas de alcaparras. 30 gramas de filés de anchovas dessalgados.

Pico as alcaparras e as anchovas. Aqueço a manteiga numa caçarola. Jogo dentro as alcaparras e as anchovas. Levanto o fogo e mexo por 30 segundos. Este molho deve ser servido fervente. (Itália)

Molho à amatriciana

(para massas)

1 generosa colherada de manteiga. 1 generosa colherada de azeite de olivas. ¼ de cebola finamente picada. 150 gramas de guanciale, as carninhas gordurosas que ficam na bochecha do porco, cortada aleatoriamente. Pimenta vermelha. As polpas descascadas e bem enxutas de três tomates cortados aleatoriamente. Sal.

Aqueço o azeite. Nele, derreto a manteiga. Refogo as *guanciale*. Deixo mesmo que os pedaços fiquem bem crocantes. Retiro. Reservo em lugar amornado. Na mesma mistura de azeite e manteiga, refogo a cebola. Assim que a cebola doura, adiciono as polpas dos tomates. Tempero com um pouco de sal e um pouco mais de pimenta. Cozinho por exatos oito minutos em chama vivíssima. Incorporo as *guanciale*. (Itália)

Molho à americana
(para crustáceos)

125 gramas de manteiga sem sal. Alguns pedacinhos de lagosta ou de camarões. 1 decilitro de azeite de olivas. As polpas de três tomates, sem peles, sem sementes, bem enxutos e cortadinhos em filés. 1 colher de sopa de estragão picadinho. 1 colher de sopa de cebolinha verde picada. 2 decilitros de vinho branco seco. 4 colheres de sopa de creme de leite. 4 colheres de sopa de conhaque flambado. Pitadas de pimenta vermelha. Sal. Pimenta branca moída no momento.

Refogo os pedacinhos de lagosta ou camarões em uma caçarola com 30 gramas de manteiga e azeite. Tempero com o sal e a pimenta vermelha. Adiciono a cebolinha, o conhaque, os tomates e pitadinhas da pimenta branca. Mexo com carinho. Lanço o vinho e espero que o caldo se reduza, à metade. Elimino os pedacinhos de lagosta ou camarões e completo, fora do fogo, com o restante da manteiga, devidamente amornada e liquefeita. Acrescento o estragão e o creme de leite. (Estados Unidos)

Molho de anchovas à piemontesa
(para massas)

60 gramas de manteiga sem sal. 150 gramas de anchovas previamente limpas e dessalgadas. 2 colheres de sopa de alcaparras. 1 xícara de suco de limão. 40 gramas de farinha de trigo peneirada. 300 gramas de caldo de galinha.

Aqueço a manteiga. Lanço as anchovas. Ligo com a farinha e diluo com o caldo de galinha já afervantado. Cozinho por dez minutos. No momento de servir, acrescento as alcaparras e o suco de limão. (Itália, Piemonte)

Molho basco
(para carnes brancas e verduras)

2 decilitros de vellutata. 1 generosa colher de sugo de tomates. 2 colheres de sopa de pimentões verdes, assados, respingados de manteiga liquefeita e picadinhos. 1 colher de chá de salsinha verde finamente picada. 1 dente de alho esmagado.

Aqueço bem a *vellutata*. Incorporo o *sugo* de tomates. Completo com os pimentões verdes, a salsinha verde e o alho. Mexo com cuidado. (Espanha, País Basco)

Molho Béarnais
(para carnes e peixes grelhados)

175 gramas de manteiga sem sal. 5 colheres de sopa de vinho branco bem seco. 5 colheres de sopa de vinagre de vinho branco. 3 gemas de ovos diluídas numa colherinha de água fresca. 30 gramas de cebolinha verde picada. 2 raminhos de cerefólio. 2 raminhos de estragão. Mais uma colher de sopa de cerefólio e estragão picadinhos. Sal. Pimenta branca moída no momento.

Numa caçarola, reúno a cebolinha verde, os raminhos de cerefólio e estragão, a pimenta branca, o vinho e o vinagre. Aqueço e espero que o caldo se reduza a 40%. Espero amornar. Retiro. Acrescento as gemas de ovos. Bato energicamente com um bastão de madeira. Recoloco em fogo baixo. Acrescento a manteiga, de dez em dez gramas aproximadamente, além de pitadas de sal. Continuo batendo, até que o molho principie a espessar-se. Disponho uma peneira bem fina sobre outra caçarola. Jogo sobre ela o molho, fazendo passar toda a essência dos condimentos aromáticos. Completo com a colher de cerefólio e estragão picadinhos. (França, Béarn)

MOLHO BERCY

(para peixes cozidos e outros frutos do mar)

50 gramas de manteiga sem sal. 2 decilitros de vellutata. 1 decilitro de fumê de peixe. 2 cebolinhas verdes finamente picadas. 1 decilitro de vinho branco seco (pode-se variar, usando vinho tinto seco). 1 colherinha de salsinha verde picada. O suco de um limão. Pimenta branca moída no momento.

Refogo rapidamente a cebolinha verde com um tico de manteiga. Bem antes do ponto de dourar, adiciono o vinho. Espero reduzir à metade. Acrescento a *vellutata* e o fumê de peixe. Deixo ferver. Reduzo mais um pouquinho. Mexo com afeto. Retiro do fogo. Incorporo a manteiga remanescente, a salsinha verde e o suco de limão. Tempero com a pimenta branca. (França)

Molho de camarões

(para aves cozidas ou grelhadas e para peixes cozidos)

60 gramas de manteiga sem sal, amornada e liquefeita. 2 decilitros de vellutata. 2 decilitros de fumê de peixe. 4 colheres de sopa de creme de leite. 2 gemas de ovos. 2 colheres de manteiga de camarões. 250 gramas de camarões miúdos. Pitadinhas de pimenta vermelha. Água fresca. Sal.

Limpo os camarões. Reservo suas cabeças, suas cascas e suas pernas. Em 1 decilitro de água fresca, levemente salgada, cozinho os camarões por no máximo dois minutos, fogo brando. Reservo. Aqueço a manteiga e frito as cabeças, as cascas e as pernas dos camarões até avermelharem. Retiro. Esmago bem e passo numa peneira bem fina. Numa caçarola, amorno a *vellutata*. Junto o fumê de peixe e o fundo da fritura dos camarões. Misturo bem. Adiciono a água do cozimento dos camarões e as gemas dos ovos diluídas em duas colheres de creme de leite. Levanto o fogo e espero que o molho se reduza a 60%. Completo com o resto do creme de leite. Volto a passar numa peneira bem fina. Fora do fogo, misturo o molho à manteiga de camarões. Passo ainda na peneira. Reaqueço. Acrescento os camarões já cozidos e pitadinhas de pimenta vermelha. Mexo com cuidado. (França)

MOLHO ALLA CARBONARA
(para massas)

4 colheres de azeite de olivas. 20 gramas de manteiga. 100 gramas de pancetta, a barriguinha do porco, bem defumada, cortada em pedacinhos. 50 gramas de queijo parmesão ralado. 4 gemas de ovos. Algumas colheradas de creme de leite. Sal. Pimenta-do-reino moída no momento.

Aqueço o azeite. Lanço os pedaços de *pancetta* (ou, em seu lugar, toicinho defumado). Espero que bronzeiem. Numa outra vasilha, bato as gemas com o queijo, o creme de leite, sal e pimenta-do-reino. Num terceiro recipiente, de preferência uma frigideira bem espessa, derreto a manteiga até que assuma uma cor acastanhada. Tiro do fogo. Incorporo a pasta de gemas. Aqueço um tiquinho e despejo os pedacinhos de *pancetta* livres do azeite. Mexo com cuidado. (Itália, Lazio)

Molho de cebolas

(para carnes brancas, peixes e outros frutos do mar)

130 gramas de manteiga sem sal. 4 decilitros de molho Béchamel. 500 gramas de cebolas previamente fervidas, inteiras, e depois finamente picadas. Pitadinhas de açúcar. Sal. Pimenta branca moída no momento.

Deixo escorrer as cebolas. Coloco numa caçarola. Adiciono 50 gramas de manteiga. Tampo e coloco em forno fraco. Espero dez minutos. Retiro. Tempero com o sal, a pimenta branca e o açúcar. Mexo com cuidado. Em fogo baixo, cozinho por mais cinco minutos. Retiro. Lanço o molho Béchamel e mexo com cuidado. Recoloco em forno fraco, a caçarola sempre tampada. Espero meia hora. Retiro. Passo numa peneira. Completo com a manteiga restante e misturo cautelosamente. (França)

Molho Choron

(para carnes grelhadas)

2 decilitros de molho Béarnais. 2 generosas colheres de sugo de tomates.

Aqueço o molho *Béarnais* e incorporo o *sugo* de tomates. (França, Île de France)

Molho Colbert

(para carnes grelhadas)

125 gramas de manteiga sem sal, amornada e liquefeita. 1 colherada de essência de carne. 1 colherada de caldo de galinha ou de carne. Pitadas de noz-moscada e pimenta vermelha moída. Suco de meio limão. 1 generosa colherada de Marsala seco. 1 colherinha de chá de salsinha verde e estragão finamente picados.

Aqueço o caldo, a essência e o Marsala. Incorporo a manteiga e tempero com a noz-moscada e a pimenta vermelha. Completo com o suco de limão, a salsinha verde e o estragão. Mexo com delicadeza. (França)

Molho de funghi

(para carnes)

100 gramas de manteiga sem sal. 150 gramas de funghi desidratados. 50 gramas de presunto cru, bem magro, picado em cubinhos. Sal. Água fresca.

Coloco os *funghi* em água morna. Espero que se reidratem. Retiro os *funghi* inteiros. Aqueço a manteiga, refogo o presunto. Elimino a gordura em excesso, lanço os *funghi*, mexo por uns dois minutos e cubro com água fresca. Tempero com sal e espero os *funghi* cozinharem por um par de horas, substituindo sempre a água que se evaporar. Coloco, então, a manteiga remanescente e cozinho em fogo brandíssimo até que se desmanche completamente. (Itália, Piemonte)

Molho Mornay

(para ovos e verduras)

50 gramas de manteiga sem sal, amornada e liquefeita. 2 decilitros de molho Béchamel. 1 decilitro de creme de leite. 40 gramas de queijo parmesão ralado no momento.

Numa frigideira, aqueço o Béchamel e o creme de leite. Espero reduzir a 70%. Acrescento o queijo ralado. Incorporo, lentamente, a manteiga. Passo numa peneira bem fina. (França)

Molho de Nântua

(para peixes, crustáceos, aves e ovos)

2 decilitros de molho Béchamel. 2 decilitros de creme de leite. 100 gramas de manteiga de camarões. Gotas de conhaque. Pitadas de pimenta vermelha.

Numa caçarola, misturo o Béchamel e o creme de leite. Em fogo alto, espero reduzir à metade. Incorporo, pouco a pouco, a manteiga de camarões, o conhaque e a pimenta vermelha. Passo numa peneira bem fina. (França)

MOLHO DE OSTRAS
(para peixes)

90 gramas de manteiga sem sal. 120 gramas de farinha de trigo peneirada. Sal e pimenta-do-reino. 4 rodelas de limão. 1 generosa pitada de noz-moscada. 120 gramas de fumê de peixe. 36 ostras cruas.

Aqueço a manteiga e misturo a farinha de trigo, até amalgamar. Acrescento o sal, a pimenta-do-reino, as rodelas de limão e a noz-moscada. Rego com o fumê de peixe e espero ferver. Então rebaixo o fogo e junto as ostras, já descascadas. Espero que cozinhem, mexendo sem parar. No momento de servir, retiro as rodelas de limão. (França)

MOLHO RAVIGOTE
(para aves e outras carnes brancas cozidas)

1 litro de vellutata. 2 decilitros de vinho branco seco. 1 decilitro de vinagre de vinho branco. 100 gramas de manteiga de cebolinhas verdes. 20 gramas de cerefólio, estragão e cipolline finamente picados.

Numa caçarola, misturo o vinho e o vinagre e, em fogo alto, espero reduzir à metade. Abaixo a chama. Adiciono a *vellutata*. Faço voltar à ebulição. Retiro. Fora do fogo, incorporo a manteiga de cebolinhas verdes previamente amornada e liquefeita. Acrescento as ervas. (França)

Molho soubise

(para carnes brancas)

100 gramas de manteiga sem sal. 2 cebolas finamente fatiadas. Água fresca. Sal. Pitadas de pimenta-do-reino e noz-moscada. 1 colher de chá de farinha peneirada. ½ copo de leite.

Faço a água ferver. Lanço as fatias de cebola. Cozinho por um minuto. Escorro bem. Aqueço 30 gramas da manteiga. Refogo as fatias de cebola por no máximo dois minutos. Retiro antes que fiquem douradas. Noutra panela, cubro levemente com água fresca. Tempero com o sal, a pimenta-do-reino e um quase nada de noz-moscada. Deixo cozinhar em fogo brandíssimo. Depois de 15 minutos, passo tudo numa peneira e recolho o purê resultante. Em outra panela, aqueço o que sobrou da manteiga, a farinha e o leite, acrescentando o purê de cebolas. Mexo bem, tempero novamente com sal e cozinho até que o conjunto fique bem adensado. No momento de servir, ponho ainda uma colherinha de café de manteiga. (França)

MOLHO DOS TRÊS QUEIJOS

(para massas, carnes e frutos do mar)

4 colheres de sopa de manteiga. 3/4 de xícara de chá de queijo do tipo Gorgonzola, desmanchadinho com a ponta de um garfo. 3/4 de xícara de chá de queijo do tipo Gruyère, finamente ralado. 3/4 de xícara de chá de queijo parmesão, finamente ralado. 3/4 de xícara de chá de leite amornado. Sal. Noz-moscada. Gotas de licor de amêndoas.

Numa caçarola de fundo grosso, em fogo baixo, aqueço a manteiga e nela derreto o Gorgonzola, mexendo sem parar e evitando que o queijo se pregue ao fundo. No momento em que percebo o Gorgonzola bem amalgamado à manteiga, agrego o Gruyère. Viro e reviro, incorporando os dois queijos à manteiga. Ajudo com a introdução do leite, pouco a pouco. Agrego, então, o parmesão. Misturo e remisturo muito bem, até obter um creme suficientemente homogêneo. Quando a qualidade dos queijos deixa o meu molho pastoso em demasia, corrijo a sua textura com a adição de mais leite. Acerto o sabor com o sal necessário. Condimento com algumas pitadinhas de noz-moscada e com algumas gotas de licor de amêndoas, do tipo *amaretto*. (Itália, Piemonte)

MOLHO DE VONGOLE DELLA CALABRIA

(para massas e peixes)

90 gramas de manteiga sem sal. 300 gramas de vongole com cascas. ½ xícara de salsinha verde picada. 6 dentes de alho bem moídos. 2 pimentões vermelhos picados.

Aqueço um pouco da manteiga numa frigideira. Lanço as *vongole*. Espero que se abram. Retiro das cascas. Noutra frigideira, coloco o alho e banho com o resto da manteiga. Aqueço, espero dourar. Lanço as *vongole* descascadas e os pimentões. Deixo ferver por um par de minutos. Rebaixo o fogo e cubro o conjunto com a salsinha. (Itália, Calábria)

MOLHO DE WURTEMBERG

(do século XIX, Antonin Carême; para peixes e crustáceos)

3 decilitros de molho Béchamel. 1 dente de alho esmagado. Pitadas de noz-moscada. 50 gramas de purê de cogumelos. 150 gramas de manteiga de camarões ou lagosta.

Afervento o Béchamel. Pouco antes da ebulição, incorporo o alho, pitadas de noz-
-moscada e o purê de cogumelos. Misturo bem. Deixo borbulhar. Misturo. No instantinho de servir, aglomero com a manteiga de camarões ou lagosta. (França, Île de France)

OS MOLHOS DE TOMATES, FRUTOS DO OURO E DO SOL

Não foi sem razão que os italianos batizaram os primeiros tomates que conheceram, 400 anos atrás, de *pomodori* – frutos de ouro. Existirá mesmo, na história da gastronomia, personagem tão versátil, tão fluente, tão disposto a milhares de aplicações?

De nome *Solanum lycopersicum*, filho de uma planta herbácea da família das Solanáceas, o tomate originou-se na América do Sul e foi levado à Europa pelos primeiros colonizadores espanhóis.

Considerado uma simples curiosidade, pela cor e pelo aspecto, não mereceu de seus captores a atenção de que necessitava. Os ibéricos juravam mesmo que era uma coisa do diabo, provavelmente por causa de certas características de má digestão e até venenosas de seus talos e de suas folhas. Em 1596, porém, um punhado de tomates desembarcou na região peninsular de Nápoles. E rapidamente se transformou num elemento indispensável nos menus do mundo inteiro.

Planta-se fácil. O tomateiro brota e cresce rapidamente, como se fosse uma praga. Seu cozimento também não exige talentos especiais. Obviamente, os tomates hoje estão enraizados nos cinco continentes.

Ricos em vitaminas A, B, C e E, funcionam como aperitivos, diuréticos, desintoxicantes. É verdade, também, que ostentam em excesso certos citratos, tartaratos, oxalatos, que lhes emprestam acidez e eventualmente podem prejudicar pessoas com problemas de pele, artrites, crises de digestão. Mesmo essa abundância picante, todavia, pode-se tornar virtude numa alquimia bem preparada.

Tomates / Frios

Sim, existem pouquíssimos molhos frios a base dos sagrados tomates. Com o tempo e com a experiência, porém, o leitor aprenderá que inúmeros dos molhos quentes preparados sobre o suporte dos frutos do sol podem ser servidos resfriados ou, no mínimo, à temperatura ambiente.

Importantíssimo: selecionar os tomates com rigor. Não aceito tomates amolecidos ou machucados. Nunca. Jamais.

Em tempo: quando a receita assim recomendar, apenas elimine as cascas e as sementes dos tomates – mas não jogue nada fora. Passe as sementes e as cascas num liquidificador e depois numa peneira. Servirão de base, por exemplo, para sopas ou sucos, para risotos e outros procedimentos cotidianos na cozinha. Não desperdice, por favor.

Bagnet de inverno
(para cozidos)

6 bons tomates. 1 cebola grande. 2 dentes de alho. 1 cenoura generosa. 1 pimentão vermelho. 2 colheres de sopa de vinagre de vinho tinto. 1 colher de chá de açúcar. Sal. Azeite de olivas.

Pico finamente os tomates, a cebola, os dentes de alho e a cenoura. Lanço numa vasilha de cerâmica ou porcelana. Incorporo o pimentão triturado, o vinagre e o açúcar. Não chego a cobrir com o azeite de olivas. Em banho-maria, cozinho por cinco ou seis horas, mexendo de quando em quando. Controlo o sal. Passo numa peneira. Se necessário, pingo um tanto mais de azeite de olivas. Resfrio e guardo. (Itália, Piemonte)

Chutney de tomates
(para carnes, peixes e crustáceos)

1.400 gramas de tomates ainda verdes, divididos em quatro partes de 350 gramas cada uma. 1 quilograma de maçãs quase maduras, descascadas, sem sementes, talhadas em fitinhas. 300 gramas de uvas, sem sementes, trituradas aleatoriamente. 500 gramas de açúcar. 15 gramas de mostarda em pó. Pitadas de pimenta vermelha. 1 litro de vinagre de vinho branco. 4 colheres de mesa de sal grosso. 30 gramas de pimentas-do-reino esmagadas num pilão.

Reúno todos os ingredientes numa terrina de barro ou porcelana, bem resistente ao fogo. Cozinho em fogo brando, mexendo sem parar, até que o *chutney* assuma uma tonalidade bronzeada – em duas horas. Resfrio e guardo. (Índia)

Molho Orient Express
(para ovos, peixes e crustáceos frios)

4 boas colheradas de sugo de tomates. 6 gemas de ovos cozidas. 1 colher de chá de mostarda cremosa. 1 colher de café de molho inglês do tipo Worcestershire. Gotas de suco de limão. Pitadas de páprica picante. Um pouquinho de creme de leite. 1 cálice de sherry seco. Azeite de olivas. Sal. Pimenta-do-reino moída no momento.

Esmago bem as gemas com um garfo. Incorporo, bem aos poucos, a mostarda e a páprica. Tempero com o sal e a pimenta-do-reino. Despejo o azeite, fio a fio, mexendo afetuosamente, como se preparasse uma maionese. Imponho a consistência ao molho integrando o *sugo* de tomates, o suco de limão, o Worcestershire, além de ticos de creme de leite condimentado com o cálice de *sherry* seco. (Turquia)

Tomates / Quentes

Um cozinheiro competente não pode ser preguiçoso ou apressado. Cometer a magia da culinária é um ato de amor e de paciência. Nas próximas páginas o leitor encontrará muitas receitas que exigem três, quatro, mais horas de cozimento. Seja firme. Resista.

Às vezes, por engano involuntário ou artes do demônio, um molho de tomates pode apurar-se e adensar-se mais rapidamente do que o tempo indicado em sua alquimia. Nesse caso, não se preocupe e não hesite: acrescente um pouquinho mais de água fresca ao caldo, misture bem e espere os minutos restantes de acordo com a fórmula. O líquido incorporado fatalmente se evaporará, sem que seu molho fique amargo.

E cuidado: nunca deixe que os seus tomates se queimem. Fogo doce, a não ser quando exista outro gênero de recomendação.

Bagna rossa
(para cozidos)

2 quilogramas de tomatões italianos, bem maduros e bem resistentes. 2 pimentões amarelos. 2 pimentões vermelhos. 1 cebola batidinha. 150 gramas de açúcar. 3 decilitros de vinagre de vinho tinto. 1 pimenta vermelha, fresca, fatiada aleatoriamente e com as sementes. 6 sementes de cravo. Pitadas de canela. Pitadas de mostarda em pó. Pitadas de coentro. Pitadas de pimenta branca moída no momento.

Limpo bem os tomates com um pano sequíssimo. Elimino os verdes. Corto em quatro. Retiro as sementes. Corto suas polpas em pedaços aleatórios. Também limpo os pimentões. Talho na metade. Elimino as sementes e os filamentos. Corto suas polpas aleatoriamente. Lanço os pedaços de tomates, de pimentões, mais a cebola e a pimenta vermelha numa panela bem refratária, de preferência de barro. Mexo e levo ao fogo moderado. Incorporo o açúcar e misturo. Cozinho até a quase ebulição.

Rebaixo a chama. Aguardo três horas em calor brando. Misturo e passo os ingredientes por uma peneira bem fina. Devolvo ao fogo médio. Cozinho por 40 minutos. Acrescento o vinagre, o cravo, a canela, a mostarda, o coentro e a pimenta branca. Misturo muito bem. Cozinho ainda por 20 minutos. (Itália, Piemonte)

Molho acebolado
(para carnes)

9 tomates fatiados. 3 cebolas bem grandes, também fatiadas. Azeite de olivas. Sal. Pimenta vermelha.

Disponho as fatias de cebolas no fundo de uma frigideira. Banho bem com o azeite. Tempero com o sal e a pimenta vermelha. Refogo por dois minutos em fogo médio. Abafo. Espero três minutos. Lanço as fatias de tomates. Abafo. Cinco minutos depois, misturo bem, desmanchando os tomates, aqui e ali. Controlo o sal e a pimenta. (Brasil)

Molho de alcachofras
(para massas)

360 gramas de polpas de tomates cortadas em filezinhos. 6 fundos de alcachofras. 1 boa colherada de salsinha verde picadinha. 1 colherada de alcaparras esmagadas. 1 cebola fatiada.

*2 colheres de azeite de olivas. Sal. Pimenta-
-do-reino moída no momento.*

Aqueço o azeite. Refogo a cebola. Antes que doure, integro os fundos de alcachofras, cortados em quartos. Rebaixo a chama e espero uns dez minutos. Lanço as alcaparras e as polpas de tomates. Tempero com o sal e a pimenta-do--reino. Misturo. Cozinho mais uns dez minutos. Pouco antes de retirar do fogo, polvilho com a salsinha. (Itália)

MOLHO DE ANCHOVAS À SICILIANA
(para massas)

1 decilitro de molho alla acciugata. 1 decilitro de sugo de tomates.

Aqueço a *acciugata* em banho-maria. Incorporo o *sugo* de tomates. Misturo com muitíssimo cuidado. Cozinho por dez minutos, em fogo brando. (Itália, Sicília)

MOLHO DE AZEITONAS À NAPOLITANA
(para massas)

12 tomates sem sementes. 2 dentes de alho picadinhos. 24 azeitonas pretas, sem sementes. 1 colher de sopa de alcaparras. 2 colheres de sopa de salsinha verde bem batida. Azeite de olivas. Sal. Pimenta-do-reino moída no momento.

Aqueço o azeite. Refogo o alho. Acrescento os tomates bem filetados. Mexo. Cozinho por um par de minutos. Acrescento as azeitonas e as alcaparras. Tempero com o sal e a pimenta-do-reino. Continuo o cozimento em fogo brandíssimo. Depois de três minutos, lanço a salsinha verde. Cozinho, ainda, mais dois minutos. (Itália, Campania)

MOLHO À BAIANA
(para camarões)

12 belos e grandes tomates, cortados em quartos. 1 cebola picadinha. 60 gramas de salsinha verde. 3 folhas de louro. 3 boas colheres de azeite de dendê. 3 boas colheres de leite de coco. Sal. Pimenta vermelha.

Aqueço o azeite de dendê. Refogo a cebola. Lanço o louro, os tomates e mexo bem até que comecem a desmanchar. Incorporo o leite de coco. Misturo e cozinho, em fogo brando, por cinco minutos. Mexo e mexo. Tempero com o sal e a pimenta vermelha. No momento de servir, jogo a salsinha verde.

Observação: Este molho pode apenas cobrir os camarões, ou pode servir para cozinhá-los. Nesse caso, lembre-se: o ponto de cozimento dos camarões é sutilíssimo. Segundos mais podem torná-los duros. Segundos menos e eles permanecem meio crus. Assim, deixe para acrescentar os crustáceos ao molho bem no final da preparação. (Brasil)

MOLHO À BOLOGNESA
(para massas)

400 gramas de polpas de tomates finamente picadas. 80 gramas de presunto cozido, em cubinhos. 300 gramas de músculo de boi, cortadinho na ponta da faca. Um batido composto de meia cebola, meio dente de alho, um pouquinho de cenoura, um tico de salsão. 2 colheres de sopa de azeite de olivas. 30 gramas de funghi secchi picadinhos. 1 ½ decilitro de vinho tinto seco. 1 colher de sopa de farinha de trigo peneirada. 1 colher de chá de salsinha verde triturada. Pitadas de manjerona. Um nadinha de noz-moscada. Sal. Pimenta-do-reino moída no momento. Leite.

Aqueço o azeite e refogo o presunto. Adiciono a cebola, o alho, a cenoura e o salsão. Mexo com cuidado. Incorporo a carne e os *funghi*. Mexo e mexo. Em calor moderado, cozinho por uns dois minutos. Banho com o vinho. Polvilho com a salsinha e a manjerona. Tempero com o sal, a pimenta-do-reino e a noz-moscada.

No instante em que o vinho se evapora completamente, retiro do fogo e acrescento a farinha de trigo. Mexo com extremo cuidado. Devolvo ao fogo. Após alguns segundos, lanço os tomates. Reduzo o molho mexendo sempre e suavemente. Aqui e ali cubro o caldo com uma colherada de leite fresco. Termino quando considero o conjunto bem amalgamado. (Itália, Emília-Romagna)

MOLHO DE CABO FRIO
(para massas e crustáceos)

12 tomates sem pele e sem sementes. 1 pimentinha vermelha fresca e bem triturada. 6 colheres de sopa bem generosas de cebolinha verde batidinha do bulbo aos verdes. 6 colheres de sopa de manteiga sem sal. Pitadas de sal.

Derreto a manteiga. Refogo a cebolinha. Não deixo que chegue a dourar. Lanço a pimenta vermelha. Misturo. Integro os tomates. Cozinho apenas uns cinco minutos, desmanchando os tomates com a ponta da colher. No finzinho, controlo o sal. (Brasil)

Molho calabrês picante

(para massas)

6 decilitros de sugo de tomates. 2 pimentões vermelhos, sem sementes e cortados em fatias quase micrométricas. 2 dentes de alho. 300 gramas de linguiça calabresa de porco, apimentada. 1 colher de sopa de vinagre de vinho tinto. Azeite de olivas. Sal. Algumas azeitonas verdes, sem sementes.

Corto a linguiça no sentido do comprimento. Retiro-lhe a pele e os bocados de gordura. Separo as carnes. Aqueço um tico de azeite de olivas, o suficiente para umedecer o fundo de uma frigideira bem grossa. Lanço os bocados de gordura da linguiça. Deixo derreter, com cuidado para que não se queimem. Quando a gordura estiver toda diluída, escorro e filtro. Aqueço numa outra panela, suavemente. Refogo as carnes da linguiça. Incorporo os filezinhos de pimentão. Misturo bem, meticulosamente, a fim de que o pimentão não se estilhace. Despejo o vinagre. Misturo. Despejo o *sugo*. Cozinho por uns 15 minutos, em fogo muito baixo. Mexo aqui e ali. No instante de servir, controlo o sal e cubro com as azeitonas verdes em pedacinhos. (Itália, Calábria)

Molho de camarões à siciliana

(para massas e peixes)

6 decilitros de sugo de tomates. 300 gramas de camarões médios. 1 decilitro de vinho branco bem seco. 1 pimentão vermelho sem as sementes e cortado em filés. Azeite de olivas. Sal.

Tiro as cabeças, as cascas, as pernas e as vísceras dos camarões. Elimino as vísceras. Refogo as cabeças, cascas e pernas no azeite, até que fiquem bem avermelhadas. Reservo. No mesmo azeite, refogo os camarões em fogo brandíssimo até que fiquem rosadinhos. Reservo. Noutra panela, despejo algumas colherinhas de azeite. Incorporo o *sugo* e o pimentão filetado. Levo quase à ebulição. Acrescento as cabeças, as cascas e as pernas. Cozinho por uns cinco minutos. Incorporo o vinho branco. Reduzo o caldo à metade. Passo bem numa peneira. Devolvo ao fogo. Relanço os camarões pré-cozidos. Sustento em fogo médio por no máximo dois minutos. Controlo o sal. (Itália, Sicília)

Molho à comodora

(para massas)

400 gramas de polpas de tomates passadas numa peneira. 300 gramas de vongole e de mexilhões, com cascas, lavados cuidadosamente em água corrente e muito bem escorridos, se possível enxutos. 200 gramas de lulas fatiadas. 200 gramas de camarões, limpos, levemente pré-cozidos. 50 gramas de atum desfiado. 15 gramas de manteiga sem sal. 2 filés de anchovas dessalgados e esmagados. 1 dente de alho bem moído. 1 tico de cebola triturada. 1 macinho de ervas composto de folhinhas de sálvia e alecrim. Vinho branco seco. Azeite de olivas. 2 colheres de salsinha verde batidinha. Sal. Pimenta branca moída no momento.

Molho de azeite o fundo de uma boa caçarola. Aqueço, levemente. Lanço as *vongole* e os mexilhões. Incorporo três colheradas de vinho branco e a cebola. Misturo. Levanto o fogo. Retiro assim que as conchas se abrem. Elimino os moluscos que permanecerem fechados. Os outros, coloco sobre um escorredor bem ajustado a uma panela. Reservo o líquido que descer. Espero que sedimente. Filtro num pano. Destaco os moluscos. Reservo também. Numa frigideira, ponho o alho para dourar em cerca de meio decilitro de azeite de olivas. Adiciono a sálvia e o alecrim. Molho com 1 decilitro de vinho. Espero que o vinho reduza quase completamente. Elimino o alho e as folhas. Acrescento a lula e o purê de tomates. Cozinho em fogo médio por 30 minutos. No entretempo, deposito a manteiga numa terrina. Junto os filés de anchovas e uma pitadinha de pimenta branca. Com uma colher bem fina, mexo e mexo, até que se forme uma pasta cremosa. Integro ao molho de tomates o atum e os camarões. Integro também o líquido filtrado dos moluscos. Mexo bem. Cozinho em fogo miudíssimo durante dez minutos. Retiro. Longe do calor, lanço os moluscos e a salsinha. Controlo o sal. Mexo. (Itália, Sicília)

MOLHO DITCHO & DUTCHA
(para massas)

4 colheres de sopa de azeite de olivas. 4 xícaras de chá de sugo bem peneirado de tomates. 3 xícaras de chá de mozzarella de leite de búfala, finamente raladinha. 1 xícara de chá de queijo do tipo pecorino, finamente raladinho. Sal. Orégano a gosto.

Aqueço o azeite e, nele, rapidamente, refogo o *sugo* de tomates. No momento em que percebo o *sugo* borbulhando, incorporo a *mozzarella*. Mexo e remexo, pacientemente viro e reviro, até que a *mozzarella* se mostre completamente derretida dentro do *sugo*. Agrego o parmesão. Mescolo e remescolo. Acerto o ponto do sal. Condimento, à vontade, com o orégano.

Molho kari
(para carnes, peixes e crustáceos)

250 gramas de polpas de tomates bem filetadinhas. 100 gramas de cebolinhas verdes bem batidinhas. 15 gramas de curry. 2 dentes de alho esmagados. 10 gramas de gengibre esmagado num pilão com 5 gramas de sal. 2 colheradas de leite de coco. 60 gramas de manteiga sem sal. ½ decilitro de azeite de olivas. Água fresca.

Refogo as cebolinhas na manteiga em fogo médio. Integro as polpas de tomates. Mexo com cuidado. Polvilho o curry e acrescento o alho. Banho com meio decilitro de água fria. Espero cozinhar em fogo baixo por 30 minutos. Acrescento um decilitro de água morna. Mexo com ternura. Lanço o leite de coco, o gengibre salgado e o azeite de olivas. Mexo e mexo. Cozinho mais uma hora. (Índia/Paquistão)

Molho de mexilhões
(para massas)

600 gramas de polpas de tomates, passadas na peneira. 1 quilograma de mexilhões bem limpos em água corrente por meia hora. 20 gramas de funghi secchi, reidratados em água morna e finamente triturados. 2 dentes de alho esmagados. ½ cenoura bem fatiada. 1 colherinha de chá de cebola batidinha. 1 colher de sopa de salsinha verde. Azeite de olivas. Sal. Pimenta branca moída no momento.

Ponho os mexilhões numa frigideira bem grande. Rego com azeite. Em fogo médio, espero que as conchas se abram. Elimino os mexilhões que permanecerem fechados. Coloco os bons sobre um escorredor bem ajustado a uma caçarola. Recolho o líquido que passar. Deixo sedimentar. Filtro num pano. Separo os mexilhões de suas cascas. Reservo. Numa outra frigideira, aqueço um pouco mais de azeite. Refogo a cenoura, a cebola e o alho. Em fogo moderado, incorporo os *funghi secchi*. Mexo bem. Molho tudo com o líquido filtrado. Depois de alguns instantes, integro o purê de tomates. Tempero com o sal e a pimenta branca. Cozinho em chama forte por 15 minutos. Lanço os mexilhões. Mexo bastante. Depois de três ou quatro minutos, polvilho com a salsinha. Mexo ainda mais um tico. (Itália)

MOLHO DE PIMENTÕES

(1891, Il Cuoco Artusi; para carnes cozidas)

6 decilitros de sugo de tomates. 6 belos pimentões verdes, sem sementes. 1 dente de alho esmagado. Azeite de olivas. Manteiga sem sal. Pitadas de sal.

Depois que limpo os pimentões, faço-lhes alguns talhos superficiais nas polpas. Aqueço um pouco de azeite numa frigideira. Lanço os pimentões, refogo levemente até que comecem a pelar. Retiro suas cascas. No mesmo azeite, douro o dente de alho, acrescentando, aos poucos, pedacinhos de manteiga que se igualem ao óleo, em quantidade. Recoloco os pimentões. Tempero com o sal. Cozinho em fogo baixo por uns dois ou três minutos. Incorporo o *sugo* de tomates. Mantenho muito pouco no fogo – apenas até que o *sugo* se aqueça. Caso contrário, os pimentões perderão seu sabor picante, a característica essencial deste molho. (Itália)

Molho à pizzaiola napolitana
(para carnes grelhadas)

12 tomates sem sementes e bem filetados. 3 dentes de alho filetadíssimos. 1 colher de sopa de alcaparras. Azeite de olivas. Orégano. Sal.

Coloco os filezinhos de alho numa frigideira bem grossa. Banho com o azeite de olivas, apenas superficialmente. Refogo, sem que eles fiquem dourados. Incorporo os tomates. Cozinho por uns cinco minutos, em fogo moderado. Lanço as alcaparras. Salgo. Tempero com bastante orégano. (Itália, Campania)

Molho de presunto à emiliana

(para massas)

6 decilitros de sugo de tomates. 240 gramas de presunto cru em pedacinhos. 120 gramas de ervilhas cruas. 1 decilitro de creme de leite. 60 gramas de manteiga sem sal. Pimenta-do--reino moída no momento. Sal.

Aqueço a manteiga. Refogo o presunto em fogo moderado. Acrescento as ervilhas. Mexo por um par de minutos. Acrescento o *sugo* de tomates. Adiciono o sal e a pimenta. Mexo bem. Reduzo até que as ervilhas cozinhem, sem perder sua rigidez. Completo imediatamente com o creme de leite. Misturo bem, controlando o sal e a pimenta. (Itália, Emília-Romagna)

Molho à puttanesca

(para massas)

6 tomates fatiados. 120 gramas de azeitonas pretas, sem sementes e filetadas. 40 gramas de manteiga sem sal. 6 filés de anchovas, dessalgados e triturados. 2 dentes de alho esmagados. 1 colher de sopa de alcaparras batidinhas. 1 colher de sopa de salsinha verde picada. 2 boas colheres de azeite de olivas.

Numa frigideira, misturo a manteiga e o azeite, em calor moderado. Mexo com afeto.

Rebaixo o fogo. Adiciono o alho, faço dourar. Incorporo as anchovas, as azeitonas, as alcaparras e as fatias de tomates. Cozinho por 15 minutos. Longe do calor, polvilho a salsinha, mexendo com cuidado minucioso. (Itália, Campania)

Molho salsallotti
(para massas)

12 grandes e belos tomates. 360 gramas de carne moída sem nenhuma gordurinha. 3 galhos de alecrim. 1 abobrinha finamente fatiada. 1 taça de vinho tinto bem seco. Sal. Pimenta vermelha em pó. 3 colheres de azeite de olivas. 30 gramas de manteiga sem sal.

Aqueço o azeite. Derreto a manteiga. Refogo a carne moída. Tempero com o sal e a pimenta vermelha. Mexo bem. Lanço os raminhos de alecrim bem picadinhos. Misturo e misturo. Incorporo o vinho. Misturo. Coloco a abobrinha. Cozinho um pouco reduzindo a bebida. Rebaixo o fogo. Cubro com os tomates. Cozinho em fogo médio, mexendo sem parar, até que os tomates, a abobrinha e a carne se transformem numa pasta densa e bem homogênea. (Brasil-SL)

Molho de tomates e carnes à moda lombarda

(para massas)

6 decilitros de sugo de tomates. 2 decilitros de caldo de carne. 1 decilitro de vinho branco bem seco. 450 gramas de músculo de boi. 60 gramas de tutano picadinho. 1 cebola batidinha. 1 cenoura fatiada. 2 ramos de salsão bem picadinhos. 1 colher de sopa generosa de salsinha verde bem triturada. 1 colher de sopa de farinha de trigo bem peneirada. 60 gramas de funghi secchi. Manteiga sem sal. Pitadas de sal. Pimenta-do-reino moída no momento.

Aqueço bem a manteiga. Lanço os pedacinhos de tutano. Refogo o músculo de boi até que fique bem dourado em toda a sua volta. Adiciono a cebola, a cenoura, o salsão e a salsinha. Tempero com a pimenta. Continuo a refogar por mais uns cinco minutos. Rebaixo a chama para calor médio. Incorporo o vinho, o *sugo* e os *funghi*. Cozinho por 15 minutos. Acrescento o caldo de carne e a farinha, mexendo bem para não empelotar. Abaixo o fogo. Cozinho até que a carne comece a desfiar. Retiro a carne. Separo. Passo o molho numa peneira. Sirvo a massa coberta com o molho e com pedaços da carne desfiada. (Itália, Lombardia)

Molho de tomates frescos
(para massas)

12 tomates bem rubros, maduros mas ainda firmes. 6 boas colheradas de azeite de olivas, preferivelmente o extravirgem. Sal. Folhinhas bem fresquinhas de manjericão.

Meticulosamente, delicadamente, descasco os tomates. Corto a sua polpa em filezinhos de dois centímetros de espessura, eliminando as sementes e as partes brancas dos tomates. Numa frigideira de fundo espesso, aqueço o azeite e nele, velozmente, frito os filezinhos dos tomates, mexendo e remexendo até que eles comecem a amolecer. Então, tempero com o sal, dou mais algumas reviradazinhas e, enfim, incorporo um bom punhado de folhinhas de manjericão. (Itália)

Molho de tomates à genovesa
(para massas)

6 decilitros de sugo de tomates. 1 decilitro de caldo de carne bem leve. 1 decilitro de vinho branco bem seco. 240 gramas de carne de vitela picada na ponta da faca. 60 gramas de tutano previamente cozido e bem picadinho. 2 folhas de salsão em pedacinhos. 1 cenoura fatiadíssima. 60 gramas de funghi secchi, rei-

dratados em água amornada. Farinha de trigo peneirada. Manteiga sem sal. Pitadas de sal.

Aqueço uma quantidade de manteiga suficiente para dourar os pedacinhos de tutano. Lanço o tutano, em fogo forte. Trinta segundos depois, coloco a carne de vitela. Polvilho com um pouco de farinha. Refogo até que todos os bocados fiquem levemente bronzeados. Tempero com o sal. Acrescento o salsão, a cenoura, os *funghi* e o *sugo* de tomates. Reduzo bem o fogo. Cozinho durante 15 minutos. Incorporo o vinho. Levanto o fogo e levo à ebulição para que o vinho evapore. Alguns segundos depois, reduzo novamente e cozinho até que a carne esteja completamente desfeita. Caso o molho comece a reduzir-se demais, recompleto com caldo. Passo tudo numa peneira, esmagando bem a carne. (Itália, Ligúria)

Molho de tomates à napolitana

(para massas)

12 tomates bem maduros. 6 dentes de alho finamente fatiados. 3 cebolinhas verdes finamente trituradas. Folhas de manjericão fresquíssimo. Ticos de salsinha verde. Sal. 3 colheres generosas de azeite de olivas.

Aqueço o azeite. Refogo, em fogo médio, os dentes de alho e as cebolinhas verdes. Não deixo que dourem. Lanço os tomates, sem sementes, cortados em pedaços aleatórios com a mão. Misturo bem. Tempero com o sal. Rebaixo o fogo, mexendo sempre. Cozinho por alguns minutos, impedindo que os tomates desmanchem. No instante de servir, cubro o molho com as folhas de manjericão e a salsinha verde. (Itália, Campania)

MOLHO DE TOMATES PICANTES
(para massas e outros usos)

1 ½ quilograma de tomatões italianos, lavados, enxutos, livres de seus verdes, cortados à metade e sem sementes e nervuras. 300 gramas de pimentões vermelhos e amarelos, maduríssimos, e ainda assim bem rijos, perfeitos, sem machucaduras. 250 gramas de cebolas em fatias finíssimas. 3 pimentinhas vermelhas batidinhas. 6 sementes de cravo. 1 casquinha de canela. 5 decilitros de vinagre de vinho branco. 3 boas colheradas de açúcar. Sal.

Lustro os pimentões. Abro ao meio. Retiro sementes e filamentos. Corto aleatoriamente. Numa terrina de barro ou porcelana resistente ao fogo, misturo os tomatões, os pimentões, a cebola, as pimentinhas, o vinagre, o açúcar, as sementes de cravo e a casquinha de canela. Tempero com o sal. Misturo. Levo à fervura em fogo forte. Rebaixo para calor moderado. Cozinho durante três horas. Passo numa peneira. (Brasil-SL)

Molho Tiê

(para peixes e crustáceos)

2 colheres de sopa de manteiga. 2 colheres de sopa de azeite de olivas. 12 dentes de alho finamente fatiados. 12 tomates bem vermelhos, sem as peles e sem as sementes, picadinhos. ½ xícara de chá de shoyu. 1 cálice de suco filtrado de laranjas. Sal. Salsinha batidinha.

Numa frigideira grande, derreto a manteiga. Nela, aqueço o azeite, mexendo e remexendo sem parar. Lanço os dentes de alho fatiados. Apenas amacio os dentes de alho, sem permitir que eles bronzeiem. Incorporo os dadinhos dos tomates. Misturo e remisturo, pacientemente, até que os dadinhos ameacem se desmanchar. Agrego o *shoyu* e o suco de laranjas. Viro e reviro por alguns instantes. Corrijo, se necessário, com o sal. Ao contrário, se o paladar do *shoyu* me parecer marcante em demasia, corrijo com mais um toque de suco de laranjas. No último instante, despejo no topo do molho um bom punhado de salsinha batidinha. Viro e reviro. (Brasil-SL)

Molho Vivi

(para carnes em geral, inclusive as cruas)

1 xícara de chá de molho de pimenta vermelha bem picante. 2 cebolas brancas, cortadas em gomos bem delicados. 2 pimentões vermelhos, sem os brancos internos e sem as sementes, em tirinhas de l cm. 2 colheres de sopa de manteiga. 3 ½ xícaras de chá de sugo de tomates, peneirado. ½ xícara de chá de shoyu. 1 cálice de suco de abacaxi, bem filtrado. Sal. Os verdes de quatro cebolinhas, cortados na diagonal, pedaços de 1 cm.

Numa cumbuca de bom tamanho, combino os gomos de cebola e as tirinhas dos pimentões. Cubro com o molho de pimenta. Esqueço, por ao menos uma hora. Então, numa frigideira funda, em fogo manso, derreto a manteiga. Nela, aqueço o *sugo* de tomates. Levo à fervura. Escorro as cebolas e os pimentões. Reservo o molho de pimenta da sua marinada. Despejo as cebolas e os pimentões no *sugo* de tomates. Cozinho, meigamente, até que se amolenguem. Agrego o *shoyu* e o suco de abacaxi. Misturo e remisturo. Acerto, se necessário, o ponto do sal. Coloco as cebolinhas. Mexo e remexo por alguns segundos. Reexperimento e complemento, a gosto, com o molho de pimenta. (Brasil-SL)

Molho de vongole napuletane

(para massas)

18 tomates, bem maduros e bem enxutos, sem sementes e sem cascas. 300 gramas de vongole com suas carapaças. 3 dentes de alho picadinhos. 3 colheres de sopa de salsinha verde batidinha. Azeite de olivas. Sal. Pimenta-do-reino moída no momento. Pimenta vermelha. Água fresca.

Coloco as *vongole* numa caçarola. Cubro rasamente com água. Levanto o fogo até a ebulição. Sustento por dois minutos. Retiro do fogo. Pesco as *vongole*. Jogo fora aquelas de cascas ainda fechadas. Reservo as de cascas abertas. Ponho numa peneira para que escorram. Aproveito toda a água possível. Devolvo a água à chama. Reduzo à metade. Reservo a água reduzida. Noutra panela, refogo os dentes de alho num pouquinho de azeite de olivas. Lanço os tomates, rompidos, aqui e ali, com minhas próprias mãos. Mexo bem. Incorporo a água reduzida. Mexo e mexo. Reduzo mais, em fogo manso, de modo que os tomates cozinhem sem se desmanchar completamente. Incorporo as *vongole* abertas com casca e tudo. Polvilho com a salsinha. Controlo o sal. Tempero com pimenta-do-reino e com a pimenta vermelha. (Itália, Campania)

Sugo finto à moda romana
(para massas)

9 decilitros de sugo de tomates. 1 cebola batidinha. 1 cenoura fatiada. 2 ramos de salsão bem picados. Salsinha verde triturada. 1 decilitro de caldo de carne. Sal. Pimenta-do-reino moída na hora. 100 gramas de toicinho defumado.

Aqueço o toicinho. Mexo bem para que não grude na panela. Acrescento a cebola, a cenoura, o salsão e a salsinha. Tempero com o sal e a pimenta-do-reino. Lanço o *sugo* de tomates e o caldo de carne. Rebaixo o fogo quase completamente. Cozinho, misturando bastante, até que o molho apure e engrosse – mais ou menos 40 minutos. Peneiro, se assim prefiro. (Itália, Lazio)

Os Molhos Perfumados com Vinho Branco, Vinho Tinto – e até mesmo com Cerveja

Numa definição elementar, pode-se dizer que o vinho é o produto da fermentação de um mosto obtido pelo esmagamento de uvas. Branco ou tinto, amável ou seco, natural ou mesmo cozido, o vinho tem sido, através da História, um condimento magistral – à parte a sua essencial utilização como bebida em todos os estratos sociais.

Os pioneiros? De novo, os gregos. Foram eles, cerca de 2.800 anos atrás, que inauguraram uma tradição logo perseguida por seus vizinhos e até mesmo por povos muito distantes. Os vinhos egípcios e os vinhos chineses, por exemplo, datam de 300 anos antes de Cristo. E a arte da viticultura rapidamente se espraiou durante o poderoso Império Romano, dominando a Europa e atingindo, até, plagas inimagináveis como a África e as redondezas do mar Negro.

As receitas que seguem, inúmeras delas provenientes da gastronomia clássica da Europa, obviamente exigem vinhos de excelente qualidade para a sua perfeita execução. Que o leitor, porém, não se assuste: já existem, no Brasil, produtos impecáveis para a bebida solitária e para escolta dos melhores cardápios. É claro que também são impecáveis para o uso na panela. Respeitem-se, apenas, nas alquimias que prescrevo, as características de cada vinho. Se peço um vinho branco seco, por favor, preciso mesmo de vinho branco seco.

Vinhos etc. / Frios

Os molhos frios à base de vinhos (e os de cerveja também) são essencialmente marinadores. Quer dizer: devem cobrir carnes ou peixes com muita antecedência, às vezes um dia até. Sua função é, literalmente, pré-cozinhar os produtos que escoltam, impregnando-os de seu sabor vigoroso. No entanto, nos casos das carnes e dos peixes cozidos ou grelhados, podem perfeitamente ser usados como molhos normais, acompanhantes ou ligaduras.

Escabeche lucano
(para carnes e peixes cozidos ou crus)

1 decilitro de vinho branco. 1 decilitro de vinagre de vinho branco. 3 colheres de sopa de água fresca. 2 dentes de alho esmagados. Folhas de hortelã fresca. 1 pimentão vermelho, sem sementes, cortado em micropedaços.

Misturo todos os ingredientes. Levo à fervura. Rebaixo a chama. Cozinho por 15 minutos. Resfrio completamente. Cubro as carnes ou peixes com o molho e deixo em repouso por no mínimo 24 horas.

Observação: Obviamente, também se fazem escabeches com vinho tinto e vinagre de vinho tinto. Uma questão de gosto particular. (Itália, Toscana)

Molho de cerveja

(para peixes, crustáceos e outros frutos do mar)

2 ½ decilitros de cerveja clara. ½ xícara de açúcar. 1 xícara de morangos. Água quente. 1 xícara de cubinhos de pão torrado. 1 limão, descascado e fatiado. 1 casquinha de canela. 4 sementes de cravo. Noz-moscada.

Cubro os morangos com a água quente. Espero uma hora. Adiciono os cubinhos de pão, a cerveja, o açúcar, as fatias de limão, a canela, o cravo e a noz-moscada. Resfrio na geladeira por duas horas. Removo então a casquinha de canela, as sementes de cravo e as fatias de limão. (Inglaterra)

Molho de pimentões

(para carnes cozidas ou grelhadas)

5 decilitros de vinho tinto. 5 decilitros de vinagre de vinho tinto. 10 pimentões bem vermelhos e bem maduros, sem sementes e sem machucaduras, expostos à chama e enfim pelados. 1 colher de sopa de pimenta vermelha. 200 gramas de rabanetes raladíssimos sem as cascas. 10 gramas de sal.

Corto os pimentões em micropedaços. Passo numa peneira bem fina. Acrescento o vinagre e o vinho. Mexo bastante. Adiciono os rabanetes e tempero. Passo de novo pela peneira. (Hungria)

Vinhos etc. / Quentes

Por que se cozinham certos molhos à base de vinhos, cervejas e outros produtos fermentados ou destilados? Para eliminar o que contêm de água e de álcool, aperfeiçoando o seu sabor natural.

Também é importante, assim, que se respeitem com o máximo de precisão as indicações de tempo e de quantidades contidas em cada receita. E não se confunda: quando falo de vinho seco ou bem seco estou considerando que essa singelíssima diferença é providencial.

Não faça economias tolas quando resolver perpetrar um molho à base de vinhos: use a melhor marca que puder comprar. Já disse e repito: existem excelentes vinhos brasileiros. Eles nascem, obviamente, para ser bebidos. Mas não se envergonham ou se constrangem de funcionar como integrantes de uma bela e generosa receita.

MOLHO AMARELO

(de 1549, Messisbugo; para peixes e crustáceos)

O miolo de três pãezinhos franceses. 1 litro de vinho branco meio seco. 5 decilitros de vinagre de vinho branco. 6 colheres de mel. Pitadas de canela e de açafrão.

Misturo o miolo de pão ao vinho branco. Adiciono o vinagre. Mexo bem. Levo à fervura. Acrescento o mel. Rebaixo o fogo e reduzo por uns 20 minutos. Passo numa peneira. Tempero com a canela e o açafrão, até que ganhe uma cor bem dourada. (Itália)

Molho à bordalesa
(para carnes grelhadas)

2 decilitros de demi-glace. *1 ½ decilitro de vinho tinto bem seco. 25 gramas de manteiga sem sal. 25 gramas de tutano de boi finamente picado. Uma ideia de tomilho. 1 colher de chá de cebolinha verde batidinha. Sal. 6 grãos de pimenta-do-reino esmagados no pilão. Uma colherinha de salsinha verde picada.*

Numa caçarola, reduzo o vinho temperado com a cebolinha verde e o tomilho. Quando o volume chega a 70%, condimento com a pimenta e o sal. Incorporo o *demi-glace* e reduzo à metade, mexendo sem parar. Retiro a caçarola do fogo. Adiciono a manteiga, suavemente. Passo tudo numa peneira. Lanço os pedacinhos de tutano e a salsinha. (França, Guyènne-Gascogne)

Molho Bocuse
(para crustáceos)

2 decilitros de vinho branco seco. As cabeças, as cascas e as pernas de 6 camarões bem grandes. 1 decilitro de azeite de olivas. 4 colheres de sopa de conhaque flambado. 1 decilitro de purê de tomates. 125 gramas de manteiga sem sal. 2 colheres de sopa de estragão batidinho. 3 colheres de sopa de creme de leite. 1 colher de sopa de cebolinha verde batidinha. Pitadas de pimenta vermelha. Pitadas de curry. 3 gemas de ovos. Sal. Pimenta branca moída no momento.

Aqueço o azeite. Acrescento 25 gramas de manteiga. Espero dourar. Lanço as cabeças, as cascas e as pernas dos camarões. Tempero com o sal e a pimenta branca. Em fogo bem forte, queimo até que se avermelhem bastante. Elimino as gorduras. Lanço o conhaque inflamado. Mexo bem, por alguns segundos. Apago as chamas com o vinho, o purê de tomates, a cebolinha verde e a pimenta vermelha. Levo à ebulição. Mexo. Reduzo quase completamente o calor. Cozinho o caldo até que ele se reduza a aproximadamente três decilitros. Retiro as cabeças, as cascas e as pernas dos camarões. Passo o molho numa peneira. Diluo as gemas no creme de leite. Fora do fogo, completo com as gemas diluídas, a manteiga restante em cubinhos, o estragão e o curry. (França)

MOLHO À BOURGUIGNONNE

(para carnes, frutos do mar, vegetais)

5 decilitros de vinho tinto, preferivelmente Borgonha. 50 gramas de dentes de alho bem picadinhos. 50 gramas de manteiga sem sal. 1 buquê de ervas finas: tomilho, louro, salsinha verde, folhinhas de salsão, alho-porro, aproximadamente 15 gramas cada um. 40 gramas de manteiga maneggiata. Sal. Pimenta vermelha em pó.

Coloco o alho numa caçarola e cubro com o vinho. Acrescento o buquê de ervas. Levo à ebulição. Diminuo a chama. Reduzo à metade. Passo numa peneira bem fina. Recoloco no fogo brando. Aos poucos, incorporo a manteiga *maneggiata*. Tempero com o sal e a pimenta. Retiro do calor. Adiciono a manteiga restante em cubinhos. Facultativo: mais uma colherinha de mostarda cremosa, no instante de servir. (França, Borgonha)

Molho à caçadora

(para carnes e carnes brancas, frangos e galinhas em particular)

2 decilitros de demi-glace. *1 taça de vinho branco seco. 1 decilitro de sugo de tomates. 100 gramas de cogumelos fatiados. 30 gramas de manteiga sem sal. 1 colher de chá de azeite de olivas. 1 colher de chá de farinha de trigo peneirada. 1 colher de chá, generosa, de cebolinha verde batida. 1 colher de chá de salsinha verde e estragão, em partes iguais. Sal. Pimenta-do-reino moída no momento.*

Aqueço o azeite. Incorporo a manteiga. Misturo. Em fogo brando, refogo os cogumelos. Tempero com o sal e a pimenta. Em cinco minutos, acrescento a cebolinha verde. Cozinho mais cinco minutos. Retiro e reservo os cogumelos. No caldo de cozimento, despejo o vinho. Reduzo a 70%. Retiro a panela do fogo. Incorporo a farinha. Reponho no fogo e mexo bastante. Assim que a farinha começa a bronzear-se, incorporo o *demi-glace*. Mexo. Incorporo também o *sugo* de tomates. Relanço os cogumelos. Mexo com cuidado. Levo à ebulição. Dois minutos depois, retiro de vez, completo com a salsinha verde e o estragão. Controlo o sal. (Itália)

MOLHO CARÊME

(para carnes brancas, peixes e crustáceos)

5 decilitros de vinho tinto bem seco. 1 decilitro de vinagre de vinho tinto. 200 gramas de cerejas sem sementes. 2 colheres de sopa de açúcar. Pitadas de coentro. Gotas de suco de laranja. 2 boas colheradas de molho espanhol. Sal.

Esmago as cerejas. Incorporo o açúcar. Misturo. Despejo numa caçarola. Incorporo o vinho e o vinagre, as pitadas de coentro e algumas gotas de suco de laranja. Levo à fervura. Rebaixo o fogo. Cozinho por 25 minutos.

Acrescento o molho espanhol, mais gotas de suco de laranja. Reduzo, mexendo sem parar, por 15 minutos. Passo numa peneira bem fina. Controlo o sal. (França, Île de France)

Molho de cerveja e vinho branco
(para crustáceos e moluscos, em especial *vongole*)

1 decilitro de vinho branco bem seco. 1 decilitro de cerveja clara. ½ pimentão vermelho, sem sementes, bem batidinho. 2 colheres de sopa de salsinha verde finamente picada. Ticos de cebola branca e cebolinha verde, também batidinhas. Sal. Pimenta-do-reino moída no momento. Pimenta vermelha.

Aqueço o vinho mescolado à cerveja. Quando o caldo estiver amornado, acrescento todos os outros ingredientes. Cozinho por dez minutos. Reservo por 24 horas. Reaqueço no momento de servir – misturando, se possível, com algumas colheradas da água do cozimento dos frutos do mar. Controlo o sal e as pimentas. (Itália, Toscana)

Molho à moda charcutière
(para carnes de porco)

2 decilitros de demi-glace. *1 decilitro de vinho branco seco. 2 colheradas de banha de porco.*

2 colherinhas de cebola picada. 2 colherinhas de pepinos em conserva, batidinhos. 20 gramas de mostarda em pó.

Aqueço a banha. Refogo a cebola. Lanço o vinho e reduzo à metade. Incorporo o *demi--glace*. Levo à ebulição. Sustento por 30 segundos. Fora do calor, completo com os pepinos e a mostarda. Mexo bastante. (França)

MOLHO CHATEAUBRIANT
(para carnes)

1 ½ decilitro de demi-glace. 1 ½ decilitro de vinho branco seco. 1 colherinha de cebolinha verde picada. 1 colherinha de estragão picado. Pitadas de pimenta vermelha. Gotas de suco de limão. 100 gramas de manteiga sem sal amornada e liquefeita.

Numa caçarola, coloco a cebolinha e o vinho e aqueço. Reduzo a 70%. Incorporo o *demi--glace*. Reduzo à metade. Passo numa peneira. Retiro do fogo. Tempero com a pimenta, o estragão e gotas de suco de limão. Lanço a manteiga e mexo bastante, até amalgamar. (França, Île de France)

Molho Diana
(para aves e carnes grelhadas)

3 decilitros de molho picante (explicado logo adiante). 1 decilitro de creme de leite, batido em forma de neve. 1 colherinha de cogumelos esmagados. 1 colher de sopa de clara de ovo, bem cozida e cortada em cubinhos.

Aqueço bem o molho picante e quebro o seu calor com o creme de leite, o purê de cogumelos e a clara de ovo em cubinhos. (Itália)

Molho à diávola
(para aves e carnes grelhadas)

2 decilitros de demi-glace. *1 ½ decilitro de vinho branco seco. 1 colherinha de vinagre de vinho tinto. 30 gramas de manteiga sem sal. 1 colherinha de cebolinha verde, batidinha. 1 colherinha de salsinha verde, batidinha. 1 folhinha de tomilho. ¼ de folha de louro. Pitadas de pimenta vermelha. Gotas de molho inglês do tipo Worcestershire. Pitadinhas de pimenta-do-reino moída no momento.*

Numa caçarola incorporo o vinho, o vinagre, a cebolinha, o tomilho, o louro e a pimenta-do-reino. Levanto bem o calor. Reduzo a 60%. Banho com o *demi-glace*. Levo à ebulição. Mantenho, por 30 segundos. Retiro. Passo numa peneira. Completo com a salsinha, a pimenta vermelha e as gotas de molho inglês. Adiciono a manteiga, previamente amolecida, misturando sem parar. (Itália, Molise)

MOLHO DUXELLES
(para carnes brancas e peixes grelhados, e para ovos)

5 decilitros de demi-glace. *1 ½ decilitro de purê de tomates. 4 colheres de sopa de purê de cogumelos (previamente cozidos e passados numa peneira). 2 decilitros de vinho branco seco. 2 decilitros da água em que se cozinharam os cogumelos. 2 colheres de chá de cebolinha verde picada. 1 colherinha de café de salsinha verde picada.*

Numa caçarola, aqueço a água dos cogumelos, o vinho e a cebolinha verde. Reduzo à metade, em calor bem forte. Acrescento o *demi-glace*, o purê de tomates e o purê de cogumelos. Mexo com afeto e levo à ebulição. Mexo e mexo. Diminuo bem o calor. Cozinho por mais cinco minutos. Completo com a salsinha verde. (França, Flandres)

MOLHO AI FUNGHI
(para carnes cozidas ou assadas)

5 decilitros de demi-glace. *120 gramas de cabeças de cogumelos suavemente cozidos. 2 decilitros da água em que foram cozidos os cogumelos. 30 gramas de manteiga sem sal.*

Incorporo ao *demi-glace* a água dos cogumelos. Aqueço e reduzo à metade. Passo numa peneira. Acrescento a manteiga já liquefeita. Misturo e completo com as cabeças dos cogumelos. (Itália, Piemonte)

MOLHO INGLÊS DO DIABO
(para carnes grelhadas)

½ decilitro de vinho branco. 1 decilitro de vinagre de vinho branco. 2 ½ decilitros de molho espanhol. 2 colheres de sopa de sugo de tomates. 1 colher de chá de cebolinha verde, picada. 1 colher de sopa de molho inglês do tipo Worcestershire. Pitadas de pimenta vermelha.

Misturo a cebolinha ao vinagre e ao vinho e reduzo à metade. Adiciono o molho espanhol e o *sugo* de tomates. Levo à ebulição e sustento por cinco minutos. Completo com o molho inglês e com uma generosa pitada de pimenta vermelha. (Inglaterra)

MOLHO AL MARSALA (OU MADEIRA)
(para carnes)

1 decilitro de Marsala (ou Madeira) bem seco. 3 decilitros de molho espanhol. 3 decilitros de sugo de tomates. 30 gramas de manteiga sem sal.

Misturo o molho espanhol ao *sugo* de tomates. Afervento e reduzo à metade. Passo numa peneira. Retiro do fogo e incorporo o Marsala. Completo com a manteiga previamente amolecida. Mexo bem. (Itália, Sicília)

MOLHO DE MOSTARDA E VINHO
(para carnes grelhadas)

1 ½ decilitro de demi-glace. 1 ½ decilitro de vinho branco bem seco. 1 abundante colher de sopa de pó de mostarda. 75 gramas de manteiga sem sal. 50 gramas de cebola batidinha. Pitadas de tomilho e pó de louro. O suco de meio limão. Sal. Pimenta branca moída no momento.

Aqueço 50 gramas de manteiga. Estufo a cebola, sem deixar que ela se bronzeie. Tempero com o sal, a pimenta, o tomilho e o louro. Banho com o vinho. Reduzo quase que completamente. Incorporo o *demi-glace*. Reduzo à metade ou pouco mais. Completo com a mostarda, o suco de limão e o restante da manteiga, previamente amornada. Mexo e mexo. (Itália)

Molho picante

(de 1766, Il Cuoco Piemontese; para carnes grelhadas)

3 decilitros de vinho tinto seco. 1 decilitro de molho espanhol dissolvido em 2 decilitros de água fresca. Ervas finas. 1 cebolinha verde inteira, do bulbo às folhas. 2 dentes de alho moídos. 30 gramas de manteiga sem sal. 30 gramas de farinha de trigo bem peneirada. Sal. Pimenta vermelha.

Aqueço o vinho, acrescento o molho espanhol diluído e levanto a fervura. Reduzo à metade. Adiciono a cebolinha, o alho, um punhadinho das ervas que se encontrarem. Fervo de novo, por um minuto. Rebaixo o calor. Lanço a manteiga e a farinha previamente misturadas. Tempero com o sal e a pimenta vermelha. Amalgamo no fogo. (Itália)

Molho au poivre

(para carnes grelhadas)

3 decilitros de demi-glace. *3 colheradas de conhaque. 3 colheres de chá de pimenta-do--reino em grãos.*

Inflamo o conhaque. Lanço os grãos de pimenta e deixo reduzir. Incorporo o *demi-glace*. Cozinho em fogo médio por dez minutos. (França)

Molho au poivre vert

(para carnes grelhadas)

2 decilitros de demi-glace. 3 colheradas de conhaque. 8 colheradas de sugo de tomates. 2 colheres de chá de pimenta fresca, em grãos, conservada em azeite, salmoura ou vinagre. 1 colher de chá de salsinha verde picada. 1 colher de chá de cebolinha verde triturada.

Aqueço o conhaque, lanço a salsinha e a pimenta fresca. Faço flambar. Reduzo. Incorporo o *sugo* de tomates. Misturo, incorporo o *demi-glace*. Mexo bem. Cozinho por uns 15 minutos. No instante de servir, cubro com a salsinha verde picada. (Antilhas)

Molho à provençal

(para carnes, peixes, crustáceos, ovos)

1 ½ decilitro de vinho branco seco. 2 ½ decilitros de fondo bruno. 50 gramas de cebola batidinha. 1 colherada de azeite de olivas. 100 gramas de polpas de tomates, sem peles, bem enxutas e filetadas. 1 dente de alho inteiro. Alguns ticos de salsinha verde finamente picada. Sal. Pimenta-do-reino moída no momento.

Aqueço o azeite e refogo a cebola. Despejo o vinho. Levanto o calor. Reduzo à metade. Incorporo os tomates e o alho. Tempero com o sal e a pimenta-do-reino. Misturo e misturo. Continuo o cozimento em chama moderada por uns cinco minutos. Incorporo o *fondo bruno*. Mantenho no fogo por mais 20 minutos. Elimino o dente de alho. Polvilho com a salsinha e mexo com muitíssimo cuidado. (França, Provença)

MOLHO ROBERT
(para carnes grelhadas)

½ litro de demi-glace. *2 decilitros de vinho branco bem seco. 1 cebola batidinha. 20 gramas de manteiga sem sal. 30 gramas de mostarda em pó.*

Em calor muito doce, estufo a cebola mescolada à manteiga. Cubro com o vinho. Reduzo à metade. Incorporo o *demi-glace*. Cozinho em fogo moderado por 20 minutos. No último instante, polvilho a mostarda. (França)

MOLHO TORTUGA
(para carnes grelhadas, em especial a de vitela)

2 ½ decilitros de demi-glace. *3 colheres de sopa de rum negro. 1 decilitro de vinho branco seco. 1 decilitro de caldo de carne. 1 decilitro de sugo de tomates. 15 gramas de cogumelos batidinhos. Folhinhas de sálvia. Pitadas de tomilho. 1 folha*

*de louro. Pitadas de salsinha verde bem tritura-
da. 1 raminho de alecrim. Folhas de manjericão. Sal. Pimenta-do-reino moída no momento.*

Levo o vinho à ebulição. Acrescento o tomilho, o louro, a salsinha verde, a sálvia, o alecrim
e o manjericão. Mexo bem. Retiro. Acondiciono
a panela no forno com fogo miudíssimo. Espero
20 minutos – removo antes, se a ebulição voltar. Filtro a infusão. Incorporo o *demi-glace* e o
sugo de tomates. Mexo bem. Devolvo ao fogo
médio e reduzo à metade. Acrescento o caldo de
carne e os cogumelos. Retomo a ebulição. Imediatamente tempero com o sal e a pimenta-do-
-reino. Acrescento o rum negro, retiro depressa
e passo tudo numa peneira. (Caribe)

MOLHO VITTORIA
(para carnes)

4 decilitros de demi-glace. *1 decilitro de vinagre de vinho branco. 2 decilitros de fondo bruno. 50 gramas de açúcar. 20 gramas de uvas
miudinhas, sem caroços, bem enxutas, cortadas na metade. 20 gramas de pinóis torrados
e esmagados.*

Aqueço o açúcar até caramelar. Acrescento
o vinagre e faço reduzir quase que totalmente.
Despejo o *demi-glace* e o *fondo bruno*, mistu-

ro e continuo o cozimento por 15 minutos. Na metade do tempo, adiciono as uvas e os pinóis. Mexo bem. (Itália, Piemonte)

Molho Warmer

(para carnes e carnes brancas, em especial as aves)

½ decilitro de vinho tinto seco. 1 decilitro de vinagre de vinho tinto. 1 taça de Porto seco. 3 decilitros de molho espanhol. 80 gramas de presunto, cozido e fatiado finamente em filezinhos. 30 gramas de manteiga sem sal. 2 folhas de louro. 2 folhinhas de tomilho. 1 cebola fatiada. 1 colherada de gelatina neutra.

Refogo a cebola na manteiga. Antes que doure, acrescento o presunto. Mexo alguns segundos e adiciono o louro e o tomilho. Despejo o vinagre e o vinho. Reduzo a menos da metade. Incorporo o molho espanhol. Levo à ebulição. Rebaixo a chama. Cozinho, em calor moderado, por uns 15 minutos. Elimino as gorduras em excesso e mais as folhas de louro e tomilho. Junto o Porto e a gelatina. Mexo muito bem. (Alemanha)

Índice Analítico

Pelo índice analítico, poderá o leitor cozinheiro relacionar, sem muito esforço, cada molho com o gênero de prato a que melhor se adapte. Produzi, no entanto, muitas superposições, coberturas capazes de escoltar, com brilho semelhante, vários tipos de comidinhas. O freguês, afinal, tem sempre razão, mesmo consultando um livro escrito por outra pessoa, quem sabe de predileções bem diferentes.

Agora, algumas advertências:

• Por que, por exemplo, neste índice analítico, há um verbete para aves em geral e outro só para frangos e galinhas? Ocorre apenas que tentei ser bastante específico e bastante didático. Os molhos para frangos e galinhas podem privilegiar também faisões ou perdizes, patos e marrecos. Apenas, nas suas origens, apareceram na História como acompanhamentos primordiais para os pássaros de carnes mais singelas. E através desse casamento se consagraram.

• As aves em geral também podem servir-se dos molhos que o índice sugere para as carnes brancas, aparentemente um departamento exclusivo de outros bichos, como coelhos, porcos, vitelas. Os quais, aliás, ganharam igualmente os seus verbetes particulares – mas devem beneficiar-se das promessas oferecidas entre as carnes brancas.

• Idêntico raciocínio seja utilizado quanto às carnes – um verbete em princípio destinado aos bovinos. Foi somente com a intenção de facilitar que idealizei segmentos como carnes assadas, carnes cozidas, carnes cruas e carnes grelhadas. Evidentemente, quando afirmo que um determinado molho se adéqua a uma carne, estou anunciando que essa pode ser assada ou cozida ou crua ou grelhada, et cetera e tal.

Aves

Molho à caçadora (vinho/quente), 131
Molho de camarões (manteiga/quente), 86
Molho de cerveja e vinho branco (cerveja, vinho/quente), 133
Molho Diana (vinho/quente), 135
Molho à diávola (vinho/quente), 135
Molho de Nântua (manteiga/quente), 90
Molho ravigote (manteiga/quente), 91
Molho Warmer (vinho/quente), 143

Barquettes e tartelettes

Manteiga de camarões (manteiga/frio), 72
Manteiga de lagosta (manteiga/frio), 74
Manteiga de salmão (manteiga/frio), 76

Canapés

Manteiga de alho (manteiga/frio), 70
Manteiga de anchovas (manteiga/frio), 71
Manteiga de atum (manteiga/frio), 71
Manteiga de camarões (manteiga/frio), 72
Manteiga de caviar (manteiga/frio), 72
Manteiga de lagosta (manteiga/frio), 74
Manteiga de salmão (manteiga/frio), 76

Carnes

Chutney de coco (ervas/frio), 48
Chutney de frutas (ervas/frio), 49
Chutney de manga (ervas/frio), 50
Chutney de tomates (tomates/frio), 99
Molho acebolado (tomates/quente), 102
Molho à bourguignonne (vinho/quente), 130
Molho à caçadora (vinho/quente), 131
Molho Chateaubriant (vinho/quente), 134
Molho curry (ervas/quente), 60
Molho de funghi (manteiga/quente), 89
Molho al Marsala ou Madeira (vinho/quente), 137
Molho oriental (ervas/frio), 54
Molho à provençal (vinho/quente), 140
Molho tártaro (azeite/frio), 43
Molho dos três queijos (manteiga/quente), 93
Molho Vittoria (vinho/quente), 142
Molho Vivi (tomates/quente), 121
Molho Warmer (vinho/quente), 143
Tocco di funghi (ervas/quente), 67

Carnes assadas

Molho ai funghi (vinho/quente), 136
Molho de milho (ervas/quente), 64
Molho de mostarda (ervas/quente), 64

Carnes brancas

Manteiga de ervas (manteiga/frio), 73
Manteiga de manjericão (manteiga/frio), 75
Manteiga Montpellier (manteiga/frio), 75
Molho da Andaluzia (azeite/frio), 38
Molho basco (manteiga/quente), 84
Molho à caçadora (vinho/quente), 131
Molho Carême (vinho/quente), 132
Molho de cebolas (manteiga/quente), 88
Molho Duxelles (vinho/quente), 136
Molho de laranjas (ervas/quente), 63
Molho picante (ervas/quente), 66
Molho ravigote (manteiga/quente), 91
Molho soubise (manteiga/quente), 92
Molho vinaigrette (azeite/frio), 43
Molho Warmer (vinho/quente), 143

Carnes cozidas

Escabeche lucano (vinho/frio), 125
Molho ai funghi (vinho/quente), 136
Molho Gloucester (azeite/frio), 40
Molho de pimentões (tomates/quente), 112
Molho de pimentões (vinho/frio), 127
Mostarda de Cremona (ervas/frio), 55

Carnes cruas

Escabeche lucano (vinho/frio), 125
Marinatina II (ervas/frio), 51
Molho Vivi (tomates/quente), 121

Carnes grelhadas

Manteiga Bercy (manteiga/quente), 78
Manteiga Colbert (manteiga/frio), 73
Manteiga de funghi (manteiga/quente), 80
Manteiga maître d'hôtel (manteiga/frio), 74
Manteiga marchand du vin (manteiga/quente), 80
Molho de alcaparras e anchovas (manteiga/quente), 81
Molho Béarnais (manteiga/quente), 84
Molho à bordalesa (vinho/quente), 129
Molho Choron (manteiga/quente), 88
Molho Colbert (manteiga/quente), 89
Molho Diana (vinho/quente), 135
Molho à diávola (vinho/quente), 135
Molho Gloucester (azeite/frio), 40
Molho de limão (ervas/quente), 63
Molho de milho (ervas/quente), 64
Molho de mostarda (ervas/quente), 64
Molho de mostarda e vinho (vinho/quente), 138
Molho de nozes à moda toscana (ervas/frio), 53
Molho picante (vinho/quente), 139
Molho de pimentões (vinho/frio), 127
Molho à pizzaiola napolitana (tomates/quente), 113
Molho au poivre (vinho/quente), 139
Molho au poivre vert (vinho/quente), 140

Molho Robert (vinho/quente), 141
Molho Tortuga (vinho/quente), 141
Peverada romagnola (ervas/quente), 67

Carne de porco
Molho à moda charcutière (vinho/quente), 133

Carneiro
Molho de hortelã à moda indiana (ervas/frio), 52
Molho de hortelã à moda inglesa (ervas/quente), 62
Molho rémoulade (azeite/frio), 42

Cozidos
Bagna rossa (tomates/quente), 101
Bagnet de inverno (tomates/frio), 98

Crustáceos e moluscos
Ailloli (azeite/frio), 36
Chutney de manga (ervas/frio), 50
Chutney de tomates (tomates/frio), 99
Manteiga de atum (manteiga/frio), 71
Manteiga à Bourguignonne, 71
Molho amarelo (vinho/quente), 128
Molho à americana (manteiga/quente), 82
Molho à baiana (tomates/quente), 104
Molho das Bermudas (ervas/quente), 58
Molho Bocuse (vinho/quente), 129
Molho de Cabo Frio (tomates/quente), 106
Molho Carême (vinho/quente), 132
Molho de cerveja (cerveja/vinho frio), 126

Molho de cerveja e vinho branco (vinho/quente), 133
Molho curry (ervas/quente), 60
Molho kari (tomates/quente), 111
Molho de Nântua (manteiga/quente), 90
Molho Orient Express (tomates/frio), 99
Molho à provençal (vinho/quente), 140
Molho Tiê (tomates/quente), 120
Molho de tomates à moda chinesa (ervas/frio), 55
Molho vinaigrette (azeite/frio), 43
Molho de Wurtemberg (manteiga/quente), 94

Escargots

Manteiga à bourguignonne (manteiga/quente), 71

Frutos do mar

Molho Bercy (manteiga/quente), 85
Molho das Bermudas (ervas/quente), 58
Molho à bourguignonne (vinho/quente), 130
Molho de cebolas (manteiga/quente), 88
Molho de cerveja (cerveja, vinho/frio), 126
Molho ao cominho (ervas/quente), 59
Molho dos três queijos (manteiga/quente), 93

Massas

Molho alla acciugata (azeite/quente), 44
Molho de alcachofras da Ligúria (ervas/quente), 57
Molho à amatriciana (manteiga/quente), 81
Molho de anchovas à piemontesa (manteiga/quente), 83
Molho de anchovas à siciliana (tomates/quente), 103
Molho de atum à siciliana (ervas/frio), 51

Molho de azeitonas à napolitana (tomates/quente), 103

Molho à bolognesa (tomates/quente), 105

Molho de Cabo Frio (tomates/quente), 106

Molho calabrês picante (tomates/quente), 107

Molho de camarões à siciliana (tomates/quente), 108

Molho alla carbonara (manteiga/quente), 87

Molho à comodora (tomates/quente), 108

Molho Ditcho & Dutcha (tomates/quente), 110

Molho de funghi à moda da Ligúria (ervas/quente), 61

Molho de hortelã e queijo à moda da Sardenha (ervas/quente), 62

Molho de mexilhões (tomates/quente), 111

Molho de nozes e pinóis (ervas/quente), 65

Molho al pesto genovês clássico (ervas/frio), 54

Molho de pimenta e queijo à moda dos Abruzos (ervas/quente), 66

Molho de presunto à emiliana (tomates/quente), 114

Molho à puttanesca (tomates/quente), 114

Molho salsallotti (tomates/quente), 115

Molho de tomates e carnes à moda lombarda (tomates/quente), 116

Molho de tomates frescos (tomates/quente), 117

Molho de tomates à genovesa (tomates/quente), 119

Molho de tomates à napolitana (tomates/quente), 118

Molho de tomates picantes (tomates/quente), 119

Molho dos três queijos (manteiga/quente), 93

Molho alle vongole (azeite/quente), 45

Molho de vongole della Calabria (manteiga/quente), 94
Molho de vongole napuletane (tomates/quente), 122
Sugo finto à moda romana (tomates/quente), 123

Ovos

Molho curry (ervas/quente), 60
Molho Duxelles (vinho/quente), 136
Molho Mornay (manteiga/quente), 90
Molho de Nântua (manteiga/quente), 90
Molho Orient Express (tomates/frio), 99
Molho à provençal (vinho/quente), 140

Peixes assados ou grelhados

Chutney de coco (ervas/frio), 48
Chutney de frutas (ervas/frio), 49
Chutney de manga (ervas/frio), 50
Chutney de tomates (tomates/frio), 99
Manteiga Bercy (manteiga/quente), 78
Manteiga branca (manteiga/quente), 79
Manteiga de caviar (manteiga/frio), 72
Manteiga Colbert (manteiga/frio), 73
Manteiga de ervas (manteiga/frio), 73
Manteiga maître d'hôtel (manteiga/frio), 74
Manteiga de manjericão (manteiga/frio), 75
Manteiga Montpellier (manteiga/frio), 75
Manteiga de salmão (manteiga/frio), 76
Molho amarelo (vinho/quente), 128
Molho da Andaluzia (azeite/frio), 38
Molho Béarnais (manteiga/quente), 84

Molho bonne femme (ervas/quente), 58
Molho de camarões à siciliana (tomates/quente), 108
Molho Carême (vinho/quente), 132
Molho de cebolas (manteiga/quente), 88
Molho de cerveja (cerveja, vinho/frio), 126
Molhe curry (ervas/quente), 60
Molho Gloucester (azeite/frio), 40
Molho kari (tomates/quente), 111
Molho de Nântua (manteiga/quente), 91
Molho oriental (ervas/frio), 54
Molho de ostras (manteiga/quente), 91
Molho à provençal (vinho/quente), 140
Molho rémoulade (azeite/frio), 42
Molho tártaro (azeite/frio), 43
Molho Tiê (tomates/quente), 120
Molho vinaigrette (azeite/frio), 43
Molho de vongole della Calábria (manteiga/quente), 94
Molho de Wurtemberg (manteiga/quente), 94

Peixes cozidos

Ailloli (azeite/frio), 36
Chutney de coco (ervas/frio), 48
Chutney de frutas (ervas/frio), 49
Chutney de manga (ervas/frio), 50
Chutney de tomates (tomates/frio), 99
Escabeche lucano (vinho/frio), 125
Manteiga Bercy (manteiga/quente), 78
Manteiga branca (manteiga/quente), 79

Manteiga de caviar (manteiga/frio), 72
Manteiga de ervas (manteiga/frio), 73
Manteiga de manjericão (manteiga/frio), 75
Manteiga Montpellier (manteiga/frio), 75
Manteiga de salmão (manteiga/frio), 76
Molho amarelo (vinho/quente), 128
Molho da Andaluzia (azeite/frio), 38
Molho de azeite à moda russa (azeite/frio), 39
Molho Bercy (manteiga/quente), 85
Molho bonne femme (ervas/quente), 58
Molho de camarões (manteiga/quente), 86
Molho de camarões à siciliana (tomates/quente), 108
Molho Carême (vinho/quente), 132
Molho de cebolas (manteiga/quente), 88
Molho de cerveja (cerveja, vinho/frio), 126
Molho chiffonière (azeite/frio), 39
Molho curry (ervas/quente), 60
Molho Gloucester (azeite/frio), 40
Molho gribiche (azeite/frio), 41
Molho kari (tomates/quente), 111
Molho de Nântua (manteiga/quente), 90
Molho de Nice (azeite/frio), 42
Molho Orient Express (tomates/frio), 99
Molho oriental (ervas/frio), 54
Molho de ostras (manteiga/quente), 91
Molho à moda da Picardia (azeite/quente), 44
Molho à provençal (vinho/quente), 140
Molho rémoulade (azeite/frio), 42

Molho tártaro (azeite/frio), 43
Molho vinaigrette (azeite/frio), 43
Molho de vongole della Calábria (manteiga/quente), 94
Molho de Wurtemberg (manteiga/quente), 94

Peixes crus

Escabeche lucano (vinho/frio), 125
Marinatina I (ervas/frio), 50

Saladas (legumes e verduras)

Bagna caôda (manteiga/quente), 78
Molho all'arrabbiata (azeite/frio), 38
Molho de azeite à moda russa (azeite/frio), 39
Molho basco (manteiga/quente), 84
Molho à bourguignonne (vinho/quente), 130
Molho citronnette (azeite/frio), 40
Molho Duxelles (vinho/quente), 136
Molho gribiche (azeite/frio), 41
Molho italiano (azeite/frio), 41
Molho de limão e mostarda (ervas/frio), 52
Molho Mornay (manteiga/quente), 90
Molho de Nântua (manteiga/quente), 90
Molho à provençal (vinho/quente), 140
Molho vinaigrette (azeite/frio), 43

Usos diversos

Maionese (azeite/frio), 36
Manteiga Chivry (manteiga/frio), 72
Manteiga clarificada (manteiga/quente), 79

Manteiga de estragão (manteiga/quente), 80
Manteiga maneggiata (manteiga/frio), 74
Molho de hortelã à moda indiana (ervas/frio), 52
Molho missô de soja (ervas/frio), 53
Molho de tomates picantes (tomates/quente), 119

Vitela

Molho Tortuga (vinho/quente), 141

ÍNDICE DE SABORES

Evidentemente, por sua própria definição, cada uma das cinco vertentes que informam este livro, os molhos à base de azeite, de ervas, de manteiga, de tomates e de vinho, cada uma delas ostenta intrínsecas características de cor, textura, temperos, paladar. Certas receitas, todavia, foram abençoadas por determinados tipos de ingredientes e condimentos que lhes fornecem no mínimo pitadas diferentes. De novo, serei didático. O leitor já conhece, através das alquimias que desvendei e através do índice analítico, as peculiaridades de todos os molhos, as suas parcerias mais adequadas. Agora, produzo um índice de sabores, esmiuçando, na medida do possível, a estrutura vertebral das formuletas que constam deste livro.

A seguir, alfabeticamente, uma lista dos ingredientes que, mesmo num molho à base de tomates ou vinho, ao lado da manteiga ou do azeite, ou ainda incorporados a um batalhão de ervas, conseguem manter altaneiros o seu gosto e a sua personalidade.

Não entraram para a relação apenas os molhos suportados por essências múltiplas – ou aqueles que se realizam a partir de suas matrizes elementares, do azeite aos vinhos. Não entraram porque essas características já ficaram claras no desenrolar do livro.

Alcachofras
Molho de alcachofras, 102
Molho de alcachofras da Ligúria, 57

Alcaparras
Molho de alcaparras e anchovas, 81

Alecrim
Molho salsallotti, 115

Alho
Ailloli, 36
Bagna caôda, 78
Manteiga de alho, 70
Manteiga à bourguignonne, 71
Molho Tiê, 120
Molho de tomates à napolitana, 119

Anchovas
Manteiga de anchovas, 71
Molho alla acciugata, 44
Molho de alcaparras e anchovas, 83
Molho de anchovas à piemontesa, 83
Molho de anchovas à siciliana, 103

Atum
Manteiga de atum, 72
Molho de atum à siciliana, 51

Azeitonas
Molho de azeitonas à napolitana, 103

Camarões
Manteiga de camarões, 72
Molho de camarões, 86
Molho de camarões à siciliana, 108

Carne
Molho à bolognesa, 105
Molho de tomates e carnes à moda lombarda, 116
Molho de tomates à genovesa, 117

Carne de porco
Molho à amatriciana (guanciale), 81
Molho alla carbonara (pancetta), 87

Caviar
Manteiga de caviar, 72

Cebolas
Molho acebolado, 102
Molho de cebolas, 88
Molho soubise, 92

Cebolinha verde
Manteiga branca, 79
Molho de Cabo Frio, 106

Cerejas
Molho Carême, 132

Coco
Chutney de coco, 48

Cogumelos
Manteiga de funghi, 80
Molho Duxelles, 136
Molho ai funghi, 136
Molho de funghi, 89
Molho de funghi à moda da Ligúria, 61
Tocco di funghi, 68

Cominho
Molho ao cominho, 59

Creme de leite
Molho Gloucester, 40
Molho Mornay, 90
Molho de Nântua, 90

Curry
Molho curry, 60
Molho kari, 111

Estragão
Manteiga Colbert, 73
Molho Bocuse, 129

Frutos do mar
Molho à comodora, 108
Molho de mexilhões, 111

Hortelã
Molho de hortelã à moda indiana, 52
Molho de hortelã à moda inglesa, 62
Molho de hortelã e queijo à moda da Sardenha, 62
Molho picante de Apicius, 66

Lagosta
Manteiga de lagosta, 74

Laranjas
Molho de laranjas, 63

Limão
Molho citronnette, 40
Molho de limão, 63
Molho de limão e mostarda, 52

Linguiça
Molho calabrês picante, 107

Manga
Chutney de manga, 50
Molho das Bermudas, 58

Manjericão
Manteiga de manjericão, 75
Molho al pesto genovês clássico, 54
Molho de tomates frescos, 117

Milho
Molho de milho, 64

Mel
Molho amarelo, 128

Morangos
Molho de cerveja (para frutos do mar), 126

Mostarda
Molho de mostarda, 64
Molho de mostarda e vinho, 138

Nozes
Molho de nozes e pinóis, 65
Molho de nozes à moda toscana, 53

Orégano
Molho à pizzaiola napolitana, 113

Ostras
Molho de ostras, 91

Ovos
Maionese, 36
Molho da Andaluzia, 38
Molho all'arrabbiata, 38
Molho de Nice, 42
Molho rémoulade, 42
Molho tártaro, 43

Pimenta
Molho Diana, 135
Molho de pimenta e queijo à moda dos Abruzos, 66
Molho *au poivre*, 139
Molho *au poivre vert*, 140
Molho Vivi, 121

Pimentões
Manteiga de pimentões, 76
Molho basco, 84
Molho de pimentões (para carnes cozidas ou grelhadas), 127
Molho de pimentões (para carnes cozidas), 112
Molho de tomates picantes, 119
Molho Vivi, 121

Pinóis
Molho picante (para carnes brancas), 66

Presunto
Molho de presunto à emiliana, 114

Queijo
Molho de três queijos, 93

Rum
Molho Tortuga, 141

Salmão
Manteiga de salmão, 76
Molho de azeite à moda russa, 39
Manteiga maître d'hôtel, 74

Soja
Molho oriental, 54
Molho Tiê, 120
Molho Vivi, 121

Tutano
Manteiga Bercy, 78

Vongole
Molho alle vongole, 45
Molho de *vongole della Calabria*, 94
Molho de *vongole napuletane*, 122

Índice Alfabético

Ailloli, 36
Bagna caôda, 78
Bagna rossa, 101
Bagnet de inverno, 98
Chutney de coco, 48
Chutney de frutas, 49
Chutney de manga, 50
Chutney de tomates, 99
Demi-glace, 28
Escabeche lucano, 125
Essência de carne, 23
Fondo bianco, 23
Fondo Bruno, 24
Fumê de peixe, 25
Maionese, 36

Manteigas
Alho, manteiga de, 70
Anchovas, manteiga de, 71
Atum, manteiga de, 71
Bercy, manteiga, 78
Bourguignonne, manteiga à, 71
Branca, manteiga, 79
Camarões, manteiga de, 72
Caviar, manteiga de, 72
Chivry, manteiga, 72
Clarificada, manteiga, 79
Colbert, manteiga, 73
Ervas, manteiga de, 73
Estragão, manteiga de, 80
Funghi, manteiga de, 80
Lagosta, manteiga de, 74
Maître d'hôtel, manteiga, 74
Maneggiata, manteiga, 74
Manjericão, manteiga de, 75
Marchand du vin, manteiga, 80
Montpellier, manteiga, 75
Pimentões, manteiga de, 76
Salmão, manteiga de, 76

Marinatina I (para peixes), 50
Marinatina II (para carnes), 51

Molhos
Acciugata, molho alla, 44
Acebolado, molho, 102
Alcachofras, molho de, 102
Alcachofras da Ligúria, molho de, 57
Alcaparras e anchovas, molho de, 81

Amarelo, molho, 128
Amatriciana, molho à, 81
Americana, molho à, 82
Anchovas à piemontesa, molho de, 83
Anchovas à siciliana, molho de, 103
Andaluzia, molho da, 38
Arrabbiata, molho all', 38
Atum à siciliana, molho de, 51
Azeite à moda russa, molho de, 39
Azeitonas à napolitana, molho de, 103
Baiana, molho à, 104
Basco, molho, 84
Béarnais, molho, 84
Béchamel, molho, 28
Bercy, molho, 85
Bermudas, molho das, 58
Bolognesa, molho à, 105
Bonne femme, molho, 58
Bordalesa, molho à, 129
Bocuse, molho, 129
Bourguignonne, molho à, 130
Branco, molho (ou Vellutata), 31
Cabo Frio, molho de, 106
Caçadora, molho à, 131
Calabrês picante, molho, 107
Camarões (na manteiga), molho de, 86
Camarões à siciliana, molho de, 108
Carbonara, molho alla, 87
Carême, molho, 132
Cebolas, molho de, 88
Cerveja (frio), molho de, 126
Cerveja e vinho branco, molho de, 133
Charcutière, molho à moda, 133
Chateaubriant, molho, 134
Chiffonnière, molho, 39
Choron, molho, 88
Citronnette, molho, 40
Colbert, molho, 89
Cominho, molho ao, 59
Comodora, molho à, 108
Curry, molho, 60
Diana, molho, 135
Diávola, molho à, 135
Ditcho & Dutcha, molho, 110
Duxelles, molho, 136
Espanhol, molho, 29
Funghi, molho ai, 136
Funghi, molho de (para carnes), 89
Funghi à moda da Ligúria, molho de, 61
Gloucester, molho, 40
Gribiche, molho, 41
Hortelã à moda indiana, molho de, 52

Hortelã à moda inglesa, molho de, 62
Hortelã e queijo à moda da Sardenha, molho de, 62
Inglês do diabo, molho, 137
Italiano, molho, 41
Kari, molho, 111
Laranjas, molho de, 63
Limão, molho de, 63
Limão e mostarda, molho de, 52
Madeira, molho ao, 137
Marsala, molho al, 137
Mexilhões, molho de, 111
Milho, molho de, 64
Missô de soja, molho, 53
Mornay, molho, 90
Mostarda, molho de, 64
Mostarda e vinho, molho de, 138
Nântua, molho de, 90
Nice, molho de, 42
Nozes à moda toscana, molho de, 53
Nozes e pinóis, molho de, 65
Orient Express, molho, 99
Oriental, molho, 54
Ostras, molho de, 91
Pesto genovês clássico, molho al, 54
Picante (no vinho), molho, 138
Picante de Apicius, molho, 66
Picardia, molho à moda da, 44
Pimenta e queijo à moda dos Abruzos, molho de, 66
Pimentões (com tomates), molho de, 112
Pimentões (com vinho), molho de, 127
Pizzaiola napolitana, molho à, 113
Poivre, molho au, 139
Poivre vert, molho au, 140
Presunto à emiliana, molho de, 114
Provençal, molho à, 140
Puttanesca, molho à, 114
Ravigote, molho, 91
Rémoulade, molho, 42
Robert, molho, 141
Salsallotti, molho, 115
Soubise, molho, 92
Tártaro, molho, 43
Tiê, molho, 120
Tomates à moda chinesa, molho de, 55
Tomates e carnes à moda lombarda, molho de, 116

Tomates frescos, molho de, 117
Tomates à genovesa, molho de, 117
Tomates à napolitana, molho de, 118
Tomates picantes, molho de, 119
Três queijos, molho de, 93
Tortuga, molho, 141
Vinaigrette, molho, 43
Vittoria, molho, 142
Vivi, molho, 121
Vongole, molho alle, 45
Vongole della Calábria, molho de, 94
Vongole napuletane, molho de, 122
Warmer, molho, 143
Wurtemberg, molho de, 94

Mostarda de Cremona, 55
Peverada Romagnola, 67
Sugo finto à moda romana, 123
Sugo de tomates, 30
Tocco di funghi, 68
Vellutata ou molho branco, 31
Vino Cotto, 25

Consulta e Referência

ABEL, B. *The Beer Book*. Londres: Music Sales Limited, 1981.

BEER, G.; DAVIES, G. *The Diabetic Gourmet*. Frogmore: Mayflower Books Ltd., 1977.

BEVILACQUA, O.; MANTOVANO G. *Laboratori del Gusto, Storia dell'Evoluzione Gastronomica*. Milão: Sugar Co. Edizione, 1982.

BONI, A. *Il Talismano della Felicità*. Roma: Ed. Colombo, 1956.

BUONASSISI, V. *Piccolo Codice della Pasta*. Milão: Rizzoli Editore, 1973.

CARNACINA, L. *La Pasta*. Milão: Fratelli Fabbri, 1973.

CARNACINA, L.; VERONELLI, L. *La Cucina Rustica Regionale*. Milão: Rizzoli Editore, 1973.

CAVALCANTI, I. *La Cucina Teorico Pratica*. Nápoles: Edizione Particolare, 1839.

COLLINS, M. *Spices of the World Cookbook by McCormick*. Nova York: Penguin Books/McGraw-Hill Book Co., 1969.

CORRADO, V. *Il Cuoco Galante*. Nápoles: Edizione Particolare, 1786.

COUFFIGNAL, H. *La Cucina Povera*. Milão: Rizzoli Editore, 1976.

CUNSOLO, F. *Il Libro dei Maccheroni*. Milão: Arnaldo Mondadori Editore, 1979.

DE POMIANE, E. *Radio-Cuisine*. Paris: Albin Michel, 1936.

DESCARGUES, C. *La Gastronomie des Diabétiques*. Poitiers: Éditions Williams-Alta, 1979.

DI CORATO, R. *928 Condimenti d'Italia*. Milão: Casa Editrice Sonzogno, 1978.

FABRIZI, A. *La Pastasciutta*. Milão: Arnaldo Mondadori Editore, 1970.

FIRPO, L. *Gastronomia del Rinascimento*. Turim: UTET, 1974.

JONES, E. *The World of Cheese*. Nova York: Alfred E. Knopf, 1978.

KRASHENINNIKOVA, A. *Russian Cooking*. Moscou: MIR, 1978.

LANCELLOTTI, S. *O Livro do Macarrão*. Porto Alegre: L&PM, 1996.

LO, K. *Cooking the Chinese Way*. Frogmore: Mayflower Books Ltd., 1976.

LOEWENFELD, C. *Everything You Should Know about Your Food*. Londres: Faber & Faber, 1978.

MAC LEOD, L. *Cooking for the Wayward Diabetic*. Londres: Faber & Faber, 1960.

MILLER, J. I. *The Spice of the Roman Empire*. Oxford: Oxford University Press, 1969.

MONTAGNE, P. *Nouveau Larousse Gastronomique*. Paris: Librairie Larousse, 1967.

NEBBIA, A. *Il Cuoco Maceratese*. Macerata: Edizione Particolare, 1791.

PEPIN, J. *La Technique*. Nova York: Wallaby, 1976.

POMAR, A. *Antique Sapori di Sicilia*. Palermo,: Meridionali, 1965.

REBOUX, P. *A Mesa e a Sobremesa dos Dietéticos*. São Paulo: Companhia Editora Nacional, 1933.

REVEL, F. *3000 Anni a Tavola*. Milão: Rizzoli Editore, 1979.

REVELL, D. *Oriental Cooking for the Diabetic*. Tóquio: Japan Publications, 1981.

STECCHETTI, L. *La Tavola e la Cucina nei Secoli XIV e XV*. Bolonha: Nicola Zanichelli, 1884.

TANNAHILL, R. *Food in History*. Londres: Stein and Day, 1973.

URCELAY, R. F. *Guria - Cocina Vascongada*. Madri: Cantábrica, 1973.

VERONELLI, L. *Il Libro delle Salse*. Milão: Arnaldo Mondadori Editore, 1974.

WEBER, D. *Les Bonnes Recettes des Provinces de France*. Paris: Bordas, 1979.

Sobre o Autor

Arquiteto e jornalista, Sílvio Lancellotti decidiu profissionalizar os seus *hobbies*. Desde a década de 80, ele se dedica de maneira quase exclusiva à Gastronomia e ao Esporte, as suas maiores paixões, depois da sua família, é claro, e dos seus cachorros. Já correu o mundo, das Bermudas à Itália, como organizador de festivais de culinária. Na Suécia, além de pessoalmente servir os monarcas Carlos Gustavo e Sylvia Renata, cuidou da reciclagem dos chefes de cozinha do palácio real. Escreveu mais de uma dezena de livros sobre gastronomia, futebol, Copa do Mundo, e um vasto e completíssimo trabalho sobre a história das Olimpíadas, *Olimpíadas – 100 anos*. Além disso, Sílvio Lancellotti compartilha experiências de culinária e comenta o futebol internacional no seu blog "Copa e cozinha".

Coleção L&PM POCKET (Lançamentos mais recentes)

1159. **A dinastia Rothschild** – Herbert R. Lottman
1160. **A Mansão Hollow** – Agatha Christie
1161. **Nas montanhas da loucura** – H.P. Lovecraft
1162. (28). **Napoleão Bonaparte** – Pascale Fautrier
1163. **Um corpo na biblioteca** – Agatha Christie
1164. **Inovação** – Mark Dodgson e David Gann
1165. **O que toda mulher deve saber sobre os homens: a afetividade masculina** – Walter Riso
1166. **O amor está no ar** – Mauricio de Sousa
1167. **Testemunha de acusação & outras histórias** – Agatha Christie
1168. **Etiqueta de bolso** – Celia Ribeiro
1169. **Poesia reunida (volume 3)** – Affonso Romano de Sant'Anna
1170. **Emma** – Jane Austen
1171. **Que seja em segredo** – Ana Miranda
1172. **Garfield sem apetite** – Jim Davis
1173. **Garfield: Foi mal...** – Jim Davis
1174. **Os irmãos Karamázov (Mangá)** – Dostoiévski
1175. **O Pequeno Príncipe** – Antoine de Saint-Exupéry
1176. **Peanuts: Ninguém mais tem o espírito aventureiro** – Charles M. Schulz
1177. **Assim falou Zaratustra** – Nietzsche
1178. **Morte no Nilo** – Agatha Christie
1179. **Ê, soneca boa** – Mauricio de Sousa
1180. **Garfield a todo o vapor** – Jim Davis
1181. **Em busca do tempo perdido (Mangá)** – Proust
1182. **Cai o pano: o último caso de Poirot** – Agatha Christie
1183. **Livro para colorir e relaxar** – Livro 1
1184. **Para colorir sem parar**
1185. **Os elefantes não esquecem** – Agatha Christie
1186. **Teoria da relatividade** – Albert Einstein
1187. **Compêndio da psicanálise** – Freud
1188. **Visões de Gerard** – Jack Kerouac
1189. **Fim de verão** – Mohiro Kitoh
1190. **Procurando diversão** – Mauricio de Sousa
1191. **E não sobrou nenhum e outras peças** – Agatha Christie
1192. **Ansiedade** – Daniel Freeman & Jason Freeman
1193. **Garfield: pausa para o almoço** – Jim Davis
1194. **Contos do dia e da noite** – Guy de Maupassant
1195. **O melhor de Hagar 7** – Dik Browne
1196. (29). **Lou Andreas-Salomé** – Dorian Astor
1197. (30). **Pasolini** – René de Ceccatty
1198. **O caso do Hotel Bertram** – Agatha Christie
1199. **Crônicas de motel** – Sam Shepard
1200. **Pequena filosofia da paz interior** – Catherine Rambert
1201. **Os sertões** – Euclides da Cunha
1202. **Treze à mesa** – Agatha Christie
1203. **Bíblia** – John Riches
1204. **Anjos** – David Albert Jones
1205. **As tirinhas do Guri de Uruguaiana 1** – Jair Kobe
1206. **Entre aspas (vol.1)** – Fernando Eichenberg
1207. **Escrita** – Andrew Robinson
1208. **O spleen de Paris: pequenos poemas em prosa** – Charles Baudelaire
1209. **Satíricon** – Petrônio
1210. **O avarento** – Molière
1211. **Queimando na água, afogando-se na chama** – Bukowski
1212. **Miscelânea septuagenária: contos e poemas** – Bukowski
1213. **Que filosofar é aprender a morrer e outros ensaios** – Montaigne
1214. **Da amizade e outros ensaios** – Montaigne
1215. **O medo à espreita e outras histórias** – H.P. Lovecraft
1216. **A obra de arte na era de sua reprodutibilidade técnica** – Walter Benjamin
1217. **Sobre a liberdade** – John Stuart Mill
1218. **O segredo de Chimneys** – Agatha Christie
1219. **Morte na rua Hickory** – Agatha Christie
1220. **Ulisses (Mangá)** – James Joyce
1221. **Ateísmo** – Julian Baggini
1222. **Os melhores contos de Katherine Mansfield** – Katherine Mansfied
1223. (31). **Martin Luther King** – Alain Foix
1224. **Millôr Definitivo: uma antologia de *A Bíblia do Caos*** – Millôr Fernandes
1225. **O Clube das Terças-Feiras e outras histórias** – Agatha Christie
1226. **Por que sou tão sábio** – Nietzsche
1227. **Sobre a mentira** – Platão
1228. **Sobre a leitura *seguido do* Depoimento de Céleste Albaret** – Proust
1229. **O homem do terno marrom** – Agatha Christie
1230. (32). **Jimi Hendrix** – Franck Médioni
1231. **Amor e amizade e outras histórias** – Jane Austen
1232. **Lady Susan, Os Watson e Sanditon** – Jane Austen
1233. **Uma breve história da ciência** – William Bynum
1234. **Macunaíma: o herói sem nenhum caráter** – Mário de Andrade
1235. **A máquina do tempo** – H.G. Wells
1236. **O homem invisível** – H.G. Wells
1237. **Os 36 estratagemas: manual secreto da arte da guerra** – Anônimo
1238. **A mina de ouro e outras histórias** – Agatha Christie
1239. **Pic** – Jack Kerouac
1240. **O habitante da escuridão e outros contos** – H.P. Lovecraft
1241. **O chamado de Cthulhu e outros contos** – H.P. Lovecraft
1242. **O melhor de Meu reino por um cavalo!** – Edição de Ivan Pinheiro Machado
1243. **A guerra dos mundos** – H.G. Wells
1244. **O caso da criada perfeita e outras histórias** – Agatha Christie
1245. **Morte por afogamento e outras histórias** – Agatha Christie